Ida von Düringsfeld

Das Sprichwort als Praktikus

Ida von Düringsfeld

Das Sprichwort als Praktikus

ISBN/EAN: 9783743669116

Hergestellt in Europa, USA, Kanada, Australien, Japan

Cover: Foto ©Thomas Meinert / pixelio.de

Weitere Bücher finden Sie auf **www.hansebooks.com**

# Das

Sprichwort als Kosmopolit.

Von

Ida von Düringsfeld.

Zweiter Band.

Leipzig,
Hermann Fries.
1863.

Das Sprichwort als Praktikus.

Von

Ida von Düringsfeld.

Leipzig,

Hermann Fries.

1863.

Mit Vorbehalt aller Rechte.

Verzeichniß der Abkürzungen.

äth.	bedeutet:	äthiopisch.
äg. ar.	=	ägyptisch-arabisch.
afr.	=	afrikanisch.
agr.	=	altgriechisch.
al. ar.	=	algierisch-arabisch.
alb.	=	albanesisch.
anh.	=	anhaltisch.
ar.	=	arabisch.
b.	=	bergamaskisch.
ba.	=	baskisch.
bs.	=	bosnisch.
bulg.	=	bulgarisch.
cz.	=	czechisch.
chin.	=	chinesisch.
corf.	=	corsisch.
d.	=	deutsch.
dä.	=	dänisch.
d. r.	=	deutschrussisch.
E.	=	Ewe-Sprache (Afrika).
Eif.	=	Eifel.
engl.	=	englisch.
esth.	=	esthnisch.
eur.	=	europäisch.
fin.	=	finnisch.
frl.	=	furlanisch (Friaul).
frs.	=	nordfriesisch.
frz.	=	französisch.
g.	=	galizisch.
h.	=	holländisch.
hbr.	=	hebräisch.
hd.	=	hindostanisch.
Hlg.	=	Helgoland.
hlst.	=	holsteinisch.
Hrz.	=	Harz.
Hrzg.	=	Herzegowina.
ill.	=	illyrisch.
isl.	=	isländisch.
it.	=	italiänisch.
kass.	=	kassubisch.
klr.	=	kleinrussisch.
kr.	=	krainerisch.
kro.	=	kroatisch.
l.	=	lombardisch.
lapp.	=	lappländisch.
lat.	=	lateinisch.
les.	=	lesinanisch (auf Lesina).
lett.	=	lettisch.
lit.	=	litauisch (preußisch-litauisch).

lſ.	bedeutet:	lauſitziſch.
m.	=	mailändiſch.
ma.	=	magyariſch.
mod.	=	modoviniſch.
Mrk.	=	Grafſchaft Mark.
neg. engl.	=	Negerengliſch.
neg. frz.	=	Negerfranzöſiſch.
ngr.	=	neugriechiſch.
nlſ.	=	niederlauſitziſch.
olſ.	=	oberlauſitziſch.
or.	=	orientaliſch.
oſchl.	=	oberſchleſiſch.
p.	=	polniſch.
parm.	=	parmeſaniſch.
Pat.	=	Patois der franzöſiſchen Schweiz.
perſ.	=	perſiſch.
Pic.	=	Dialekt der Picardie.
piem.	=	piemonteſiſch.
plattd.	=	plattdeutſch.
port.	=	portugieſiſch.
prov.	=	provençaliſch.
r.	=	ruſſiſch.
rom.	=	Dialekt der Romagna.
ſ.	=	ſerbiſch.
ſa.	=	ſardiniſch.
ſcho.	=	ſchottiſch.
ſchw.	=	ſchwediſch.
ſchwb.	=	ſchwäbiſch.
ſchwei.	=	ſchweizeriſch.
ſic.	=	ſicilianiſch.
ſl.	=	ſlaviſch.
ſlo.	=	ſlovakiſch.
ſlov.	=	ſloveniſch (Kärnten).
ſmg.	=	ſamogitiſch (polniſch-litauiſch).
ſp.	=	ſpaniſch.
t.	=	toskaniſch.
tam.	=	tamuliſch.
tat.	=	tatariſch.
tſch.	=	tſcheremiſſiſch.
tſchu.	=	tſchuwaſſiſch.
tü.	=	türkiſch.
v.	=	venetianiſch.
vl.	=	vlämiſch.
wal.	=	walachiſch.
wſtph.	=	weſtphäliſch.

a.	bedeutet:	auch.
g. ä.	=	ganz ähnlich.
u.	=	und.

Inhalt.

	Seite.
Aller Anfang ist schwer	1
Wohl angefangen ist halb gethan	2
Wer zuerst kommt, mahlt zuerst	2
Der Letzte macht die Thür zu	3
Morgen, morgen, nur nicht heute! Sprechen alle trägen Leute.	4
Wer Zeit hat, warte nicht auf die Zeit	5
Man muß das Eisen schmieden, wenn es heiß ist	8
Alles hat seine Zeit	9
Vor die rechte Schmiede gehen	10
Eile mit Weile	10
Wenig zu wenig macht zuletzt viel	14
Wer den Pfennig nicht ehrt, Ist des Thalers nicht werth.	16
Wer nicht spart zur rechten Zeit, darbet zur Unzeit	17
Sparen ist verdienen	18
Auf die Neige ist nicht gut sparen	18
Mancher sucht einen Pfennig und verbrennt dabei ein Dreierlicht	19
Was hilft's, wenn die Kuh viel Milch giebt, wenn sie den Eimer wieder umstößt	21
Geschehene Dinge leiden keinen Rath	21
Vorgethan und nachbedacht, Hat Manchen in groß Leid gebracht.	23
Vorsorge verhütet Nachsorge	23
Jeder strecke sich nach seiner Decke	25
Bauen macht den Beutel schlapp	26
Narren bauen Häuser, der Kluge kauft sie	27
Ein magerer Vergleich ist besser, als ein fetter Prozeß	28
Das Spiel ist des Lichtes nicht werth	29
Wohlfeil kostet viel Geld	30
Gute Waare lobt sich selbst	30

	Seite.
Man muß die Katze nicht im Sacke kaufen	31
Wenn die Katze aus dem Hause ist, tanzen die Mäuse	32
Des Herrn Auge macht das Pferd fett	34
Selbst gethan ist bald gethan	36
Wer sich auf Andere verläßt, der ist verlassen genug	37
Hilf dir selbst, so hilft dir Gott	38
Jeder für sich und Gott für Alle	40
Jeder ist sich selbst der Nächste	41
Das Hemd ist mir näher, als der Rock	43
Es denkt Jeder in seinen Sack	44
Jeder weiß am besten, wo ihn der Schuh drückt	44
Es ist kein Narr, er ist seines Vortheils gescheidt	45
Zwei Augen sehen mehr, als eins	46
Eine Schwalbe macht keinen Sommer	46
Eines Mannes wegen bleibt kein Pflug stehen	48
Es giebt mehr als einen bunten Hund	49
Ein Schuh ist nicht Jedem gerecht	49
Es ist eine schlechte Maus, die nur ein Loch weiß	49
Leg' deinen Reichthum nicht all' auf ein Schiff	50
Es fällt kein Baum auf einen Hieb	51
Viele Hunde sind des Hasen Tod	51
Eine Hand wäscht die andere	52
Es geht dich auch an, wenn deines Nachbarn Haus brennt	53
Gleiches mit Gleichem	53
Wie du mir, / So ich dir.	56
Wie man in den Wald schreit, so schallt es wieder heraus	57
Auf einen groben Klotz gehört ein grober Keil	58
Was nützt der Kuh Muskate?	59
Wie der Hirt, so die Heerde	61
Wie man's treibt, so geht's	63
Darnach der Mann gerathen, / Wird ihm die Wurst gebraten.	66
Kleider machen Leute	67
Kappen machen keine Mönche	68
Wenn der Fuchs predigt, so nehmt die Gänse in Acht	68
Die Glocke ruft zur Kirche, geht aber selbst nicht hinein	69
Gelegenheit macht Diebe	69
Trau, schau, wem	70
Stille Wasser sind tief	73
Wenn zwei Diebe einander schelten, so kriegt ein ehrlicher Mann seine Kuh wieder	74
Wessen das Herz voll ist, geht der Mund über	75
Ein Wort giebt das andere	76

	Seite.
Schlafende Hunde soll man nicht wecken	76
Was du weißt allein, / Das ist gänzlich dein.	77
Felder haben Augen, Wälder haben Ohren	78
Der Horcher an der Wand / Hört seine eigne Schand'.	79
Schweigen schadet selten	79
Leere Tonnen geben großen Schall	80
Schweigen thut nicht allweg gut	81
Ein hungriger Bauch hat keine Ohren	82
Hunger ist der beste Koch	83
Hunger thut weh	85
Noth bricht Eisen	87
Zwang macht keine Christen	89
Zwei harte Steine / Mahlen selten kleine.	89
Ein gutes Wort findet eine gute Statt	90
Mit Speck fängt man Mäuse	91
Es ist schlimm, Füchse mit Füchsen zu fangen	92
Ein Keil treibt den andern	92
Sei Fuchs mit dem Fuchse	93
Mit den Wölfen muß man heulen	94
Wider den Strom ist übel schwimmen	94
Wer Alles will verfechten, / Der hat gar viel zu rechten.	95
Zwischen Thür und Angel stecken	95
Der tanzt gern, der zwischen Dornen tanzt	95
Durch Schaden wird man klug	96
Ein gebranntes Kind fürchtet das Feuer	97
Wer den Schaden hat, darf für den Spott nicht sorgen	98
Wer den Staub scheut, bleibe von der Tenne	98
Wer allzeit auf allen Wind will sehen, / Der wird nicht säen und nicht mähen.	100
Keine Rose ohne Dornen	101
Wer nicht wagt, gewinnt nicht	102
Wer will, der kann	103
Wissen, Wollen, Können macht 'nen guten Meister	103
Es ist noch kein Meister vom Himmel gefallen	104
Uebung macht den Meister	105
Mancher will Meister sein und ist kein Lehrjunge gewesen	105
Wer nicht spielen kann, soll zusehen	105
Jedem gefällt das Seine	106
Eigner Herd / Ist Goldes werth.	107

	Seite.
In seinem Hause ist ein Jeder König	110
Hast du ein Haus, So denk' nicht b'raus.	111
Ost, West, Zu Haus best.	112
Wer gut sitzt, der rücke nicht	114
Was sich viel rührt, wächst nicht an	114
Das Alte Behalte.	115
Man muß seine alten Schuhe nicht wegwerfen, ehe man neue hat	117
Veränderung von Weide macht fette Kälber	117
Neue Besen kehren gut	117
Kein Messer ist, das schärfer schiert, Als wenn der Bauer ein Edelmann wird.	119
Es ist besser zum Schmied, als zum Schmiedlin	121
Mit großen Herren ist nicht gut Kirschen essen	122
Bei großen Osen ist gut sich wärmen, sie bedürfen aber viel Holzes	123
Kleine Regen legen großen Wind	124
Besser ein kleiner Herr, als ein großer Knecht	126
Wer so blind, wie der nicht sehen will?	127
Wer's Kreuz hat, der segnet sich	128
Was man ferne holt, ist süß	129
Lügen ist die erste Staffel zum Galgen	129
Lügen haben kurze Beine	130
Lob ist Thorenprob'	131
Müßiggang ist aller Laster Anfang	131
Gebrauchter Pflug blinkt, Stehend Wasser stinkt.	132
Wo Tauben sind, da fliegen Tauben zu	133
Schlafender Fuchs fängt kein Huhn	134
Morgenstunde Hat Gold im Munde.	136
Allzuviel ist ungesund	138
Viele Köche verderben den Brei	139
Allzuviel zerreißt den Sack	140
Der Krug geht so lange zu Wasser, bis er zerbricht	141
Viel dulden stumm, Allzugut ist dumm.	143
Wer sich zum Schaf macht, den fressen die Wölfe	144
Allzugemein Macht dich klein.	146
Das Ende krönt das Werk	148

Das Sprichwort als Praktikus.

Das Sprichwort als Philosoph sagte:

Aller Anfang mit Gott;

das Sprichwort als Praktikus erklärt:

Aller Anfang ist schwer,
(b.) [1])

und hierin wird man ihm unbedingt beipflichten müssen, selbst wenn man nicht, gleich dem Diebe, damit anfängt, einen Ambos zu stehlen, denn sicherlich hat ein Jeder, welcher nur etwas über die Kindheit hinausgelebt, oft mit dem Franzosen gedacht:

Es ist nur der erste Schritt, der Mühe kostet,[2])

und mit dem Toskaner geseufzt:

Der schwerste Schritt ist der über die Schwelle.[3])

Dafür wird man indessen auch belohnt, wenn man sich vor diesem schwersten Schritt nicht gefürchtet, sondern ihn muthig und sicher gewagt hat, denn:

---

1) Aller Anfang ist schwer, sagte der Dieb, und stahl zuerst einen Ambos. (b.)
2) Nur das erste Pintchen ist theuer. (h.)
3) Die Schwelle ist immer der höchste Berg. (Mrl.)
   Der größte Schritt ist immer der aus der Thür. (b.)
   Das Erste vom Regen macht naß. (v.)

Wohl angefangen ist halb gethan. (b. u. engl.)[1]

Guter Anfang ist die halbe Arbeit. (agr.)[2]

Wer gut anfängt, ist, als wär' er in der Mitte. (cz.)[3]

Gut gekautes Brod ist halb verschluckt. (frz.)

Gut eingeseifter Bart ist halb geschoren. (b.; g. ä. t. u. frz.)

Gut gewässert ist halb gebleicht. (b.)[4]

Gut vorgelegt ist halb verkauft. (h.)

Wohl gefaßt ist halb getragen. (b.)

Sensenschärfen ist halbes Mähen. (lett.)

Der erste Schlag ist die halbe Schlacht. (engl.)

Dazu muß man jedoch der Erste auf dem Schlachtfeld sein, weil es mit Recht heißt:

Wer zuerst ankommt, schlägt zuerst, (it.)

eine Wahrheit, die wir, friedlicher ausgedrückt, in dem bekannten Spruche wiederfinden:

Wer zuerst kommt, mahlt zuerst.
(b., h., engl., sp., it., cz. u. tr.)[5]

Man sagt auch:

---

[1] Wohl begonnen, ist halb gewonnen (beendet). (b.)
Halb hat gethan, wer gut begann. (frz.)
[2] Glücklicher Anfang ist die Hälfte des Werkes. (frz.)
Der gute Anfang die Hälfte des Werkes. (cz.)
[3] Wer gut anfängt, hat die Hälfte des Werkes. (it.)
Die Hälfte der That hat, wer gut anfing. (lat.)
Wer gut anzufangen weiß, thut so viel, wie die halbe Arbeit. (lett.)
[4] Gut gehoben ist halb getragen, und gut gebunden ist halb gefahren. (Eif.)
[5] Wer zuerst zur Mühle kommt, bekommt zuerst gemahlen. (bä.)
Wer zuerst zur Mühle kommt, soll zuerst mahlen. (frz.)

Wer zuerst ankommt, bekommt zuerst Wohnung. (v.) ¹)

Zuerst gekommen, zuerst bedient. (engl. u. it.)

Wer zuerst aufsteht, zieht sich zuerst die Schuhe an. (sp.)

Der Erste beim Feuer setzt sich am nächsten. (b.) ²)

Wer zuerst in's Boot kommt, hat die Wahl unter den Rudern. (h.)

Wer zuerst beim Weihwasser ist, segnet sich damit. (Eif.)

Genug:

Die Ersten gehen voraus. (frz.) ³)

Wer der Erste, der der Beste. (p.)

Der Erste in der Zeit, der Nächste am Recht, (cz.; g. ä. lat.) ⁴)

und:

Wer zuerst kommt, trinkt den Wein, wer zuletzt kommt, die Hefen, (r.)

oder auch:

Der Letzte macht die Thür zu. (b.) ⁵)

Wer zuerst in die Mühle trägt, der mahlt zuerst. (cz.; g. ä. p., kro. u. fin.)

Wer früh aufstand, der mahlte. (alb.)

1) Wer zuerst kommt, nimmt den besten Platz. (b.)

Wer zuerst geboren wird, ißt (weidet) zuerst. (sic.)

2) Wer zuerst zum Herde kommt, setzt seinen Topf, wohin er will. (b.)

3) Der vorderste Hund fängt den Hasen. (engl.)

Der Ochse, der vorangeht, trinkt das beste Wasser. (neg. frz.)

4) Wer der Erste, der auch der Berechtigtste. (r.)

5) Oder läßt sie offen,

setzt der Franzose hinzu. In diesem Falle muß es entweder ein Hund, ein Bauer oder ein Edelmann sein, denn auf plattdeutsch heißt es:

Hund und Edelmann lassen die Thür hinter sich offen,

und auf venetianisch:

Weder Hund, noch Bauer, noch venetianischer Edelmann macht je eine Thür zu.

Von allen übrigen Geschöpfen aber sagt das Sprichwort peremptorisch:

Der Letzte muß den Sack flicken. (Mrk.) ¹)
Den Letzten beißen die Hunde. (d.)
Wer spät kommt, wohnt schlecht. (it. u. frz.)
Wer zu spät kommt, sitzt hinter der Thür. (d.) ²)
Den Spätkommenden die Knochen. (lat.) ³)
Kommt er nicht zur Stunde, wird er in Gedanken zu Mittag essen. (frz.) ⁴)

Kurz, wie man sieht:

Wer zu spät geht, schadet sich selbst. (cz., p. u. klr.)

Und doch:

Morgen, morgen, nur nicht heute!
Sprechen alle trägen Leute. (d.) ⁵)

Morgen ist auch ein Tag. (plattd.) ⁶)
Es kommen mehr Tage in der Woche. (h.) ⁷)
Kommst du heute nicht, kommst du morgen. (plattd.) ⁸)

Der Hintere schließt die Thür. (E.)
Wer zurückbleibt, schließt die Pforte. (it.)
Wer zuletzt kommt, macht Alles zu. (engl.)
1) Der Letzte hat den Sack gestohlen. (d.)
2) Wer hinter mir baut, muß hinter mir wohnen. (d.)
3) Die Knochen sind für die Abwesenden. (frz.)
4) Wer zu spät kommt, hat das Nachsehen, oder: esse mit den Gemalten an der Wand. (d.)
  Wer nicht kommt zu rechter Zeit,
  Der muß nehmen, was er kreit. (anh.)
  (Der erhält, was übrig bleibt. Eif.)
ober:
  (Der ist seiner Mahlzeit quitt. Lippe.)
5) „Auf morgen" ist des Tagediebes Lied. (ba.)
  Morgen, morgen, sagen faule Leute auch. (Hlg.)
6) Morgen kommt auch noch ein Tag. (h.)
  Morgen wird auch ein Tag sein. (cz.)
7) Es hängen mehr Tage in der Luft. (h.)
8) Komm ich heute nicht, so komm ich morgen. (h.)
  Das Laub verfault nicht heute, wenn's auch heute in's Wasser fällt. (neg. engl.)

Aber:

"Zeit genug" kam zu spät. (b.)

Aufschieb ist ein Tagdieb. (d.)

Wer aufschiebt, vollendet nicht. (ba.) [1]

Wer sich heut' nicht bessert, wird morgen ärger. (b.)

Zaudern erzeugt Gefahr. (engl.)

Was heute vorübergeht, das erlangst du morgen nicht. (p.) [2]

Heute ist besser, als zehn Morgen,

denn:

Heute ist die Zeit. (b.)

Darum warnt der Italiäner sehr richtig:

Wer Zeit hat, warte nicht auf die Zeit, [3]

denn, wie der Deutsche sagt:

Wer auf die Zeit wartet, dem mangelt die Zeit. [4]

Die Zeit frägt nicht nach dem Mann, wenn nicht der Mann nach der Zeit. (fin.) [5]

———

1) Verschieben wir die Geschäfte von einem Tage zum andern, so überrascht uns der Tod. (ba.)
  Verschiebe nicht das Werk des heutigen Tages auf den morgenden. (äg. ar.)
  Was du heute thun mußt, verschiebe nicht bis morgen. (b.)
  Was gethan ist, ist gethan, (bleibt nicht mehr zu thun). (frz.)
2) Was du heut' entschlüpfen läſſeſt, das erlangſt du morgen nicht. (p.)
3) Wer eine geeignete Zeit zu Etwas hat, warte auf keine andere. (cz.)
  Wer eine Gelegenheit hat, soll auf die andere nicht warten. (b.)
4) Wer Zeit hat und auf die Zeit wartet, der verliert die Zeit. (p.; g. ä. v.)
  Aller Dinge soll man mild sein, nur der Zeit nicht. (b.)
  Eine Stunde vergeht, und es vergehen tausend. (v.)
5) Man muß sich nach der Zeit richten, die Zeit richtet sich nicht nach uns. (b.)
  Man muß sich in die Zeit schicken. (tro.)

Nehmt die Zeit wahr, wenn's Zeit ist, denn die Zeit geht fort. (engl.)

Die Zeit wartet auf Niemand. (s.) ¹)

Zeit und Gelegenheit hat Niemand im Aermel. (b.) ²)

Die Gelegenheit hat eine lockige Stirn und ein kahles Haupt, (lat.) ³)

also:

Fasse die Gelegenheit bei der Stirnlocke, bevor sie dir den Rücken zuwendet, (engl.) ⁴)

Vereinbare dich mit der Zeit. (cz.)
Dem Klugen geziemt es, der Zeit nachzugeben, sowie der Schwimmende dem fließenden Wasser nachgiebt. (ar.)
1) Zeit und Flut zögern um keines Menschen willen. (engl.)
Zeit, Ebbe und Flut wartet auf Niemand. (b.)
Man muß den guten Wind nicht über das Haupt hinwehen lassen. (h.)
Laß nicht das Brod bei der Thür vorbeigehen. (lett.)
Sperr' auf zu rechter Zeit. (b.)
Zur Zeit gehört es sich, die Erdbeeren zu suchen, die Weichseln zu pflücken und zur Zeit auch die Birnen abzunehmen. (cz.)
Man geht Pilze suchen zur Zeit, wo sie im Walde sind. (oschl.)
Wenn die Birnen reif sind, dann muß man sie schütteln (pflücken). (cz.)
2) Ergreife die Gelegenheit, verliere in Geschäften keine Zeit: das Kameel, welches zuletzt zur Cisterne kommt, läuft Gefahr, kein Wasser mehr zu finden. (or.)
So die Gelegenheit grüßt, soll man ihr danken, (b.)
sonst heißt es leicht:
Gott gab den Schatz, du verstandest nicht, ihn zu nehmen. (r.)
Darum:
Wascht Euch die Hände in fließendem Wasser. (hb.)
Schnappt zu, wenn Euch der Bissen geboten wird. (h.)
Wem das Ferkel gegeben wird, der soll den Sack bereit haben. (b.)
3) Gelegenheit hat vorn langes, hinten kurzes Haar. (b.)
4) Man muß den Zufall beim Haar greifen. (h.)
Man muß den Hasen beim Kragen nehmen. (frz.)
Halte den Hasen, wenn du ihn hast; wenn du ihn losläßest, siehst du ihn nicht mehr. (cz.)

und denke:

> Gute Gelegenheit kommt nicht alle Tage. (d.) [1]
>
> Es ist alle Tage Jag-Tag, aber nicht alle Tage Fah-Tag. (d.) [2]
>
> Es ist nicht alle Tage Bratentag. (lett.) [3]
>
> Es ist nicht alle Tage Fest, daß wir immer Confekt essen könnten. (pers.) [4]
>
> Nicht jeder Tag ist Christtag. (bs., ill., kr. u. kro.)
>
> Es ist nicht alle Tage Kirmeß. (Mrk.) [5]
>
> Es ist nicht alle Tage Markttag. (r.) [6]

und:

> Wer den Markt versäumt, dem schlägt man keinen neuen Kram auf. (d.) [7]

Ebenso sicher ist es:

> Wenn man das Fest nicht an dem Tage feiert, wo es fällt, feiert man's nicht mehr. (it.) [8]

Daher sagt der Russe:

> Man muß kaufen, wenn es Messe ist, [9]

und der Deutsche:

> Man muß den Hasen schlagen, wenn er sitzt. (d.)
> Man muß den Ball schlagen, wenn er aufspringt. (it.)

---

1) Zeit und Stunde sind ungleich. (d.)
   Die Tage folgen sich und gleichen sich nicht. (frz.)
   Der Fluß trägt nicht immer sicher. (lat.)
2) Es ist nicht alle Tage Schlachttag, aber alle Tage Placktag. (r.)
3) August und Weinlese sind nicht alle Tage. (sp.)
4) Nicht alle Tage bäckt die Mutter Kuchen. (lett.)
5) Es ist nicht jeden Tag Kirchweih. (cz.)
6) Jahrmarkt ist nicht alle Tage. (d.)
7) Nach dem Jahrmarkt ein schlimmer Handel. (p. u. g.)
8) Wer nicht thut, wenn er kann, kann nicht, wenn er will. (it.)
9) Kaufe, so lange Jahrmarkt ist. (kro.)
   Man muß laufen, wenn es Markt ist. (d.)

Man muß die Feste feiern, wie sie fallen.¹)

Mit einem Worte:

Man muß das Eisen schmieden, wenn es heiß ist. (b.) ²)

Schlage zu, während das Eisen heiß ist. (engl.) ³)

Heißes Eisen schmiedet sich am besten. (cz.) ⁴)

 Pflücke die Rose, wenn sie blüht,
 Schmiede das Eisen, wenn es glüht. (b.) ⁵)

So lange das Bügeleisen heiß ist, mußt du damit bügeln, ehe es kalt wird. (neg. engl.) ⁶)

Wärme dich, weil's Feuer brennt. (b.) ⁷)

Du kannst so lange backen, wie der Ofen warm ist. (pers.)

Man muß schöpfen, während das Seil im Brunnen ist. (frz.) ⁸)

---

1) Man muß Ostern feiern, welchen Tag es auch falle. (r.)
 Man muß die Zeit nehmen, wie sie kommt, sagte Jener, und ging um Weihnachten in die Haselnüsse. (b.)
 Den Mai muß man nehmen, wenn er kommt, und käm' er zu Weihnachten. (b.)
2) Man muß das Eisen schmieden, während es warm ist. (bä. u. frz.)
 Schmieden, dieweil das Eisen warm ist. (schw.)
 Wenn das Eisen hochroth, muß es gehämmert werden. (sp.)
 So lange es glühend ist, muß geschmiedet werden. (kro.)
 Während das Eisen im Feuer glüht, mußt du's schmieden. (lat.)
3) Schmiede das Eisen, während es warm ist. (piem.) (tü.: wenn es heiß ist).
 Schmiede das Eisen, so lange es glüht. (r.; g. ä. cz.)
4) Am besten ist schmieden, wenn das Eisen warm ist. (isl.)
 Das Eisen schmiedet sich, wenn es heiß ist. (bulg.)
 Heiß schmiedet sich das Eisen. (i.)
5) Pflücke die Rose, eh' sie verblüht. (b.)
 Man muß die Rose bei Zeiten pflücken. (it.)
6) So lange du den Wolf an den Ohren hast, schüttle sie. (Pic.)
7) Während dein Feuer brennt, schneide den Kürbiß und brate denselben. (hbr.)
 Wenn das Holz brennt, dann auch den Brei kochen. (r.)
 Jetzt ist der Ofen heiß. (ar.)
8) Trinke, wenn du am Brunnen bist. (b.)

Trinke dein Bier, eh' es schal wird. (frs.) ¹)
Fische, wenn du beim Wasser bist. (b.) ²)
Man muß mahlen, während es regnet. (it.) ³)
Macht Heu, während die Sonne scheint. (engl.) ⁴)
Man muß schneiden, wenn Ernte ist. (b.) ⁵)
Drisch, so lange man drischt, sprich, so lange man zuhört. (r.)

Genug, man soll nicht Veranlassung geben, daß von einem Aehnliches gesagt werde, wie der Hindostaner von einer Frau sagt, der die richtige Zeitverwendung unbekannt ist:

Den ganzen Tag müßig, fängt sie mit der Nacht an, zu spinnen,

eine höchst unangebrachte Arbeitsamkeit, denn:

Alles hat seine Zeit. (b. u. kro.) ⁶)

Jedes Ding hat seine Zeit. (it., frz. u. cz.)
Jedes Ding will seine Zeit haben. (b.) ⁷)
Jedes Ding ist zu seiner Zeit gut. (engl.)
Es giebt eine Zeit für Alles. (frz.) ⁸)
Zu seiner Zeit gilt ein Trunk Wassers ein Glas Wein, ein Heller einen Gulden. (b.) ⁹)

---

1) Wenn Meth da ist, dann muß man auch löffeln. (klr.)
2) Zieht an, während das Fischchen untertaucht. (b.)
3) So lange du Wasser hast, mahle. (ill.)
   Wenn der Stein umläuft, soll man schleifen. (b.)
4) Man muß Heu machen, (b.) ⎫ während die Sonne scheint.
   Heuet, (h.)   ⎭
5) Man soll melken, wenn's Zeit ist. (b.)
6) Jedes Etwas hat seine Zeit. (bulg.)
   Jede Zeit hat ihre Zeit. (cz.)
7) Jede Frucht will ihre Zeit. (v.)
8) Zeit zu reden, Zeit zu schweigen, Zeit aufzuhören. (b.)
   Für das Singen eine Zeit, für das Beten eine Zeit. (r.)
   Es ist nicht immer Zeit zur Schafschur. (frz.)
9) Alles zu seiner Zeit, und Buchweizenkuchen im Herbste. (b.)

Auf die rechte Zeit kommt es indessen nicht allein an, der Praktikus sagt es uns, wir müssen auch:

Vor die rechte Schmiede gehen. (d.) ¹)

oder:

Zum Meer nach Salz. (sp.)

Er sagt weiter:

Lege den Sattel auf das rechte Pferd. (engl.)

Gehe auf den Störfang, wenn du Kaviar bereiten willst. (r.) ²)

Hole Brod beim Bäcker und Fleisch beim Fleischer. (tkl.)

Wenn du lauteres Wasser willst, schöpfe aus lebendiger Quelle. (port.) ³)

Wünschest du eine Blume zu pflücken, so gehe in den Blumengarten. (pers.) ⁴)

Aber nicht zu rasch. Der Praktikus meint, am sichersten sei:

Eile mit Weile, (d. u. agr.) ⁵)

denn nicht umsonst heiße es auf serbisch:

Eile ist des Teufels Bote;

Alles kommt zur Zeit, sogar die Nägel zum Knoblauchschälen. (l.)

Der Apfel wird abfallen, wenn er reif sein wird. (lit.)

Wenn die Birne reif ist, fällt sie vom Baum. (d.)

1) Vor der rechten Schmiede wird man recht beschlagen. (d.)
2) Wer Fleisch will, gehe in die Fleischbänke. (t. u. pers.)
   Wer des Feuers bedarf, sucht es in der Asche. (d.)
3) Wer des Wassers bedarf, sucht es im Brunnen. (d.)
   Perlen muß man im Meere suchen. (r.)
4) Wer einen Pfauhahn haben will, muß sich nach Hindostan bemühen. (pers.)
   Wer den Papst sehen will, gehe nach Rom. (v.)
5) Das Chamäleon sagt: Eile ist gut und Weile ist gut. (afr.)
   Die Agama (eine Eidechse) sagt: Schnell ist gut, langsam ist auch gut. (neg. engl.)

auf litauisch:

Mit Eile dem Unglück entgegen;[1])

auf czechisch:

Den Uebereilten stößt auch der Tisch;

auf russisch:

Eilfuß stolpert gern,[2])

und auf deutsch:

Eilesehr brach den Hals.[3])

Kommt es auch nicht jedes Mal bis zu diesem Aeußersten, so ist doch allzu große Eile nimmer anzuempfehlen:

Die eilige Hündin wirft blinde Junge. (it.)[4])

Die Nähterin, welche keinen Knoten in den Faden macht, verliert einen Stich. (h.)

Eilen ist des Rechts Stiefmutter. (b.)[5])

Eilen macht nicht Tagesanbruch. (neg. frz.)

Die zu sehr eilen, haben spät Feierabend. (b.)[6])

Hast fördert nicht. (plattb.)[7])

---

1) Eilen thut nicht gut, (sagte die Schnecke und jene Küchenmagd, die brauchte sechs Stunden zu einer Wassersuppe). (b.)
Hast macht Verschwendung, und Verschwendung macht Mangel, und Mangel macht Streit zwischen Mann und Weib. (engl.)
2) Tummeldich hat die Bein' zerbrochen, und Langsam geht als noch einher. (Eif.)
3) Allzurasch brach den Hals. (h.)
4) Eilte die Hündin nicht so, würfe sie nicht blinde Junge. (b. u. agr.)
Wer rasch arbeitet, bringt Blinde zur Welt. (klr.)
Geschwind geeilt, blind geboren. (lett.)
5) Man darf nicht zu rasch handeln. (ta.)
6) Wer zu sehr eilt, wird langsam fertig. (b.)
Wer zu viel Eile hat, wird am spätesten fertig. (it.)
7) Hastige Sput
Thut selten gut. (h.)

Geschwind macht nicht geschwind. (neg. frz.) ¹)

Durch zu vieles Spornen wird die Flucht verzögert. (it.)

    Uebereilen
      Bringt Verweilen. (d.)

Je größer Hast, je minder Sput. (plattd.; g. ä. engl.) ²)

Schnell und gut geht nicht zusammen. (it.) ³)

Wer schnell geht, wird schnell müde. (tü.) ⁴)

Wer rasch geht, bleibt auf dem Wege. (alb.) ⁵)

Wer die größte Eile hat, kommt am spätesten. (it.) ⁶)

Dagegen heißt es:

Langsam und gut. (d.) ⁷)

Wer langsam geht, geht sicher.°(it. u. d.) ⁸)

Wer zögert, geht weiter. (alb.) ⁹)

    Hast ist meist ohne Vortheil. (d.)
    Man kann kein Pferd im Laufen beschlagen. (h.)
1) Laufen hilft nicht zum Schnellsein. (d.)
2) Je mehr du eilst, je weniger du kannst. (olf.)
    Eilige Arbeit fällt aus der Hand. (p.)
3) Wer sich zu sehr beeilt beim Geh'n,
    Kann oft unterwegs den Weg nicht seh'n. (frz.)
    Wer sich in Eile irrt, bereut es mit Muße. (it.)
4) Wer zu sehr eilt, wird bald müde. (d.)
5) Die zu hastig vorwärts treiben,
    Müssen am Ende hinten bleiben. (d.)
6) Große Hast kam oft zu spät. (d.)
    Wer sich zu sehr beeilt, kommt spät an. (it.)
7) Gehgemach und Lebelang sind Brüder. (d.)
8) Sicherer schrittweis, als sprungweis. (cz.)
    Wer langsam geht, kommt auch zum Ziel. (d.)
    Wer langsam geht, wandert weit. (Pat.)
    Geh' langsam, du kommst weiter, (mag.) (f.: so wirst du weit kommen).
    Reitet langsam, damit wir um so früher nach Hause kommen. (engl.)
    Ein Wurm kriecht vor. (Hlg.)
9) Verzieht ein wenig, daß wir um so rascher schaffen und enden mögen. (engl.)
    Nicht schnell, aber mit Nutzen, nicht hastig, aber heil. (r.)

Wer langsam hingeht, kann langsam wiederkommen. (plattd.)

Es ist auch ganz gleich:

Schleicher kommt ebenso weit, wie Läufer. (d.)

Der Eilige und der Langsame kommen an der Fähre zusammen, (die am Nilufer auf volle Fracht wartet). (äg. ar.) [1]

Wer spät kommt, kommt auch. (frz.) [2]

Wer mit Ochsen fährt, kommt auch zu Markte. (d.)

Wer, was er thun soll, gut macht, kommt niemals zu spät. (it.)

Deshalb lauten die Rathschläge des Praktikus:

Beeilt Euch langsam, (frz.)

und:

Laß dir Zeit, und iß Brod dazu. (d.) [3]

Denn:

Langsam nährt sich auch. (d.)

Sachte fängt man den Affen. (neg. frz.)

Nach und nach macht der Vogel sein Nest. (frz. u. port.) [4]

Nach und nach kommst du weit. (slov.) [5]

Oder wer wüßte es nicht:

---

1) Die Eile hat keine Suppe, der Rächer kein Fleisch, der Faule wird den Hurtigen betrügen. (estb.)
 Die Schnecke kommt sowohl zum Jahr, wie der Hase. (Eif.)
 Der Ochse erhascht wohl den Hasen, wo nicht eher, so im Kessel. (estb.)
2) Wer sich Zeit nimmt, kommt auch. (d.)
3) Laß dir Weile, Zeit bringt Rath. (d.)
4) Nach und nach pflanzte ein guter Arbeiter den Weinberg; nach und nach wurden die jungen Trauben von Essigsäure honigsüß. (ngr.)
 Gehend und kommend flicht der Vogel sein Nest. (afr.)
5) Schritt für Schritt geht man weit, (frz.) (it.: macht man einen weiten Weg).
 Füßchen vor Füßchen kann man mit der Zeit weit gehen. (d.)
 Allgemach kommt man auch weit. (d.)

Viele Schritte machen eine Meile,

und überhaupt:

Wenig zu wenig macht zuletzt viel. (d.) ¹)

Wort für Wort schreibt man große Bücher. (frz.)

Alle Tage ein Fädchen, ist des Jahres ein Hemdsärmel. (h.) ²)

Masche auf Masche wird das Panzerhemd fertig. (frz.) ³)

Federchen auf Federchen rupft man den Finken kahl. (h.) ⁴)

Ein Haar nach dem andern macht den Bauer kahlköpfig. (frf.) ⁵)

Ein Strick nach dem andern, so wird auch ein Panther gebunden. (afr.)

Der Stein selbst wird ausgehöhlt, wenn die Ameise fortwährend darauf kriecht. (ta.)

Tropfen auf Tropfen höhlt sich der Stein. (it. u. frz.) ⁶)

---

1) Kleinwenig zu Kleinwenig macht ein Wenig. (cz.)
Viele Wenig machen ein Viel. (it.)
Viele Kleinchen machen ein Großchen. (h. u. engl.)
Aus dem Wenigen kommt das Viele. (m.)
Vom Kleinen kommt man zum Großen. (frz.)
Aus kleinen Dingen wird eine große Sache. (frz.)

2) Faden auf Faden, da ist der Frauenrock; Korn auf Korn, da ist der Kuchen. (f.)
Eine nach der andern, sagte der, welcher die Gänse beschlug. (d.)

3) Viel Maschen machen ein Panzerhemd. (h.)
Viel Federchen machen ein Bett. (d.)
Viel Borsten machen eine Bürste. (h.)
Viel Reislein machen einen Besen, (h.) (d.: einen starken Besen).
Viele Glöcklein klingen auch. (d.)

4) Eine Feder auf ein Mal wird die Gans gerupft. (it.)
Nach und nach rupft man die Gans. (parm.)

5) Zieht Haar um Haar aus, und Ihr macht den Bauern kahl. (engl.)

6) Steter Tropfen höhlt den Stein. (d.)
Der Wassertropfen höhlt den Stein aus. (frz.)
Der fortwährend fallende Tropfen verzehrt den Stein. (d.)
Spucke auf den Stein, er wird endlich naß werden. (scho.)

Eine tägliche Tröps (Tropfen) schlägt ein Loch in den Boden. (Eif.)

Eiserne Säulen nutzen sich allmälig durch bloßes Anstreifen ab; an den Geländern, auf die man sich häufig stützt, nimmt man die Spuren der Hände wahr. (chin.)

Leg' darauf! Leg' darauf! macht zuletzt eine Bürde. (afr.)

Bohne auf Bohne füllt den Sack. (ngr.) [1])

Korn auf Korn füllt sich die Henne den Kropf. (sp. u. frz.) [2])

Tropfen auf Tropfen macht den Käse. (Pat.)

Tropfen auf Tropfen füllt sich die Kufe. (frz.) [3])

Tropfen auf Tropfen bilden sich die Seen. (tü.) [4])

Viele Tropfen machen einen Fluß. (pers.)

Viele Tropfen machen das Meer. (bä.) [5])

Viele Tropfen machen einen Schauer. (engl.) [6])

Viel kleine Regen machen einen Platzregen. (b.) [7])

Viele kleine Bäche machen einen großen Strom. (bä.) [8])

Viele Krümlein geben auch Brod. (b.) [9])

Der Stein sei heißer, als heiß, wenn man darauf spuckt, so kühlt er sich ab. (esth.)

1) Korn auf Korn, liest sich die Metze voll. (p.)
2) Mit Korn auf Korn füllt das Hühnchen sich seinen Kropf. (cz.)
   Nach und nach frißt die Ratte Welschkorn. (neg. engl.)
3) Tropfen auf Tropfen füllt man das Faß. (tü.)
4) Das Haus kann durch das Fallen von Tropfen gefüllt werden. (hb.)
5) Aus Tropfen das Meer. (r.)
   Tropfen auf Tropfen läuft das Meer ab, (frz.) (engl.: wird das Meer abgelassen).
6) Viele Tröpfchen machen Wasser. (b.)
7) Viele Reglein machen auch naß. (b.)
   Kleiner Regen bringt größeren. (cz.)
   Kleiner Regen füllt zuletzt einen Teich. (hb.)
8) Viele Bäche machen einen Strom. (b.)
   Die Bächlein machen Bäche und die Bäche Flüsse. (alb.)
9) Mit den Brocken macht man Stücke, und mit den Solbi die Berlingoc (ideale Münze von zwanzig Solbi). (t.)

Viele kleine Summen machen eine große, wie ein Gerstenkorn, zum andern gethan, zuletzt einen Haufen ausmacht. (perſ.) ¹)

Pfennig auf Pfennig baut sich das Haus. (frz.) ²)

Sie sagen Eins, und dann sagen sie Zwei, (alb.)

und:

Viele Pfennige machen einen Thaler. (d.) ³)

Deshalb sagt der Deutsche gewiß mit Recht:

Wer den Pfennig nicht ehrt, Ist des Thalers nicht werth, ⁴)

oder auch „des Guldens" nicht.

Wer nicht des Quattrino achtet, wird nie Herr eines Guldens sein. (it.) ⁵)

Macht Ihr Nichts aus einem Dreipfennigstück, werdet Ihr nie zu einem Groschen kommen. (engl.)

Wer die Kopeke nicht achtet, der kommt nicht zum Rubel. (r.)

Darum:

Nehmt den Pfennig in Acht, das Pfund wird nicht verloren gehen, (engl.) ⁶)

---

1) Viele Körner machen einen Haufen. (d. u. ſ.)
2) Quattrin zu Quattrin macht sich der Soldo. (it.)
3) Viele Heller machen auch Geld. (d.)
4) Wer den Pfennig nicht acht't,
   Dem wird der Thaler nicht gebracht. (d.)
   Wer den Pfennig nicht achtet, gelangt auch nicht zum Thaler. (d.)
   Wer den Quattrino nicht achtet, ist sein nicht werth. (it.)
5) Wer den Pfennig nicht achtet, wird keines Guldens Herr, oder: wird keinen Gulden wechseln. (d.)
   Wer die Kreuzer nicht aufhebt, zählt keine Zecchinen. (ill.)
6) Spart die Heller, die Louis werden selbst für sich sorgen. (frz.)

und:
> Wer des Kleinen nicht acht't,
> Dem wird das Große nicht gebracht; (b.) ¹)

Wer die Spengel (Stecknadel) nicht achtet, kommt nicht zur Nähnabel; (Eif.)

Wer den Pfennig nicht spart, der kommt nicht zum Groschen. (b.) ²)

ja:

Wer den Heller nicht spart, wird keines Pfennigs Herr. (b.) ³)

und hauptsächlich:

Wer nicht spart zur rechten Zeit, darbet zur Unzeit. (b.)

> Wer mehr ausgiebt, als er sollte,
> Kann nicht ausgeben, wenn er wollte. (engl.)

Wer im Sommer die Kleider verthut, muß im Winter frieren. (b.)

Spar' was, so hast du was, friß auf, so hast du Nichts. (plattd.) ⁴)

Deshalb:

Gedenk' an den alten Mann. (h.) ⁵)

und spare:

Den weißen Kreuzer für den schwarzen Tag. (alb.) ⁶)

---

1) Wer auf das Kleine nicht achtet, der gedeiht nicht lange, (cz.) — erreicht nichts Großes, (p.) — kann nicht genug haben. (f.)
Wenn du die Lämmer nicht achtest, wird die Heerde bald zu Grunde gehen. (b.)
2) Wer keinen Pfennig behält, wird nie viele haben. (engl.)
3) Wer des Gröschels nicht wahrnimmt, der kommt nicht zum Groschen. (p.)
4) Spar' dein Brod, (spar' in der Zeit,) so hast du in der Noth. (b.)
5) Junges Blut, spar' dein Gut,
Im Alter Armuth wehe thut. (b.)
Gewöhne dich von Jugend auf an Wirthschaften, so wirst du im Alter den Hunger nicht kennen. (g.)
Kälbchen, spar' dein Heu, der Winter ist lang. (h.)
6) Weißes Geld ist für den schwarzen Tag. (tll.; g. ä. ngr.)
Heb' die weiße Kopeke (das Geldchen) für den schwarzen Tag auf. (r.; g. ä. klr.)
Heb' das weiße Geld für den schwarzen Tag auf. (f.)

Es liegt auf der Hand:
> Von Sparen kommt Haben, (engl.) ¹)

denn:
> Sparen ist verdienen. (d.)
> Besser ist Sparsamkeit, als selbst gute Arbeit. (f.)
> Ein ersparter Pfennig ist ein erworbener Pfennig. (engl.) ²)
> Die Ersparniß ist der erste Verdienst. (it.) ³)
> Wollt ihr reich sein, lernt nicht blos, wie man erwirbt, sondern auch, wie man erspart. (frz.) ⁴)
> Dem Maul abgedarbt, ist so gut, wie die Pacht einer Wiese. (d.)
> Wisse zu sparen, so wirst du nie darben. (ostl.)
> Ersparen hat guten Grund, Verschwenden hat weder Grund, noch Boden. (chin.)

Freilich muß man nicht zu spät damit anfangen:
> Auf die Neige ist nicht gut sparen. (d. u. lat.) ⁵)
> Es ist zu spät sparen, wenn der Boden bloß ist. (engl.) ⁶)
> Es ist zu spät den Wein sparen, wenn die Tonne leer ist. (d.)
> Auskratzen hilft Nichts, wenn der Topf leer ist. (h.)

Außer dem zu späten Sparen giebt es auch ein falsches, thörichtes, ja, selbst schadenbringendes, welches der Praktikus treffend durch die Worte ausdrückt:

---

1) Auf Sparen folgt Haben. (d.)
2) Der Pfennig, den du ersparst, ist so gut wie der, den du erwirbst. (cz.)
3) Erspart ist so gut, als erworben, (erobert). (d.)
4) Keine Goldmacherkunst wie Sparen. (engl.)
   Sparen ist größere Kunst, denn Erwerben. (d.)
5) Besser am Rand, als auf dem Boden sparen. (engl.)
   Zu spät ist die Wirthschaftlichkeit auf dem Grunde. (cz.)
6) Nicht ist's an der Zeit zu sparen, wenn es bis auf den Grund ausgeschöpft ist. (p.)
   Sparen ist zu spät,
   Wenn's an die Hofstatt geht. (d.)

Mancher sucht einen Pfennig und verbrennt dabei ein Dreierlicht, (b.) ¹)

ja, wohl gar „drei Lichter."

Einer, der sich dieses Sparsystems befleißigt, wird auf englisch:

Pfennigweise, pfundthöricht,

und auf sardinisch:

Kohlenersparer, Mehlverschwender, ²)

genannt, und von ihm noch weiter gesagt:

Er hebt den Löffel auf, und zerbricht die Schüssel. (b.)

Er sucht den Nagel, und verliert das Hufeisen. (wal.) ³)

Er spart den Pfennig, und wirft den Dukaten weg. (ba.) ⁴)

Er selbst muß öfter antworten, wie der neugriechische Bauer es that, welcher auf's Schafstehlen austritt, sein Pferd an die Hürde band, und dann, erschreckt durch das Gebell der Hunde, mit dem geraubten Schafe zu

---

Sparen ist zu spat,
Wenn's geht an den Hausrath,

oder:

Wenn man im Beutel auf der Naht und im Faß auf dem Boden hergreift. (b.)

1) Der Schneider sucht die Nadel und verbrennt um einen Groschen Licht dabei. (p.)
2) Er sammelt die Asche, und verstreut das Mehl. (b.)
   Die Kleie sieben, um das Mehl zu verlieren. (Pat.)
3) Einen Nagel betrauernd, verlor er das Hufeisen. (Hrz.)
   Ueber'n Nagel ging's Hufeisen verloren, (über's Hufeisen das Pferd, über's Pferd der Mann). (bä.)
   Eines Hufeisens willen verdirbt oft ein Pferd. (b.)
   Wegen des Nagels verlor er den Schuh. (ngr.)
4) Es ist ein böser Pfennig, der einen um 'nen Gulden versäumt. (b.)
   Wehe dem Quattrino, der dem Gulden schadet. (it.)
   Ein unglücklicher Pfennig, um dessentwillen man einen Thaler versäumt. (b.)

Fuß entfloh und so nach Hause kam. Als seine Frau ihn nun nach dem Pferde fragte, zeigte er auf das Schaf in seinen Armen, und sprach, die bestimmte Antwort diplomatisch umgehend:

Für's Blöken haben wir das Wiehern verloren.

Die arme Frau hätte ganz gut mit dem Letten seufzen können:

Es ist nicht so leicht, an Spänen zu ersparen, was man an Balken verschwendet;

ein Deutscher würde in einem solchen Falle weise gesagt haben:

Es ist ein theuer Brod, das einen Kuchen kostet,

und ein Russe:

Es ist ein theures Ei, das eine Henne kostet.[1]

Holländisch heißt dieses Sparen:

Das Hühnerei greifen, und das Gänseei verwahrlosen;

plattdeutsch:

Das Stroh sparen, und bei Flachs backen;[2]

russisch:

Einen Eichwald umhauen, um ein Kohlsüppchen zu kochen;[3]

---

1) Mancher wartet des Ei's und läßt dabei die Henne laufen. (b.)
  Man muß keinen Strudel wegen eines Ei's verderben. (h.)
  Laß kein Schaf wegen eines halben Pfennigs Theer verloren gehen. (engl.)
  Am Zapfen sparen und am Spundloch herauslassen, spart nicht. (b.)
2) Das Stroh sammeln, und die Körner verschütten. (r.)
  Mancher will den Halm fischen, und läßt dabei die Bausch schwimmen. (Eif.)
3) Die Fruchtbäume umhauen, um daraus einen Gartenzaun zu machen. (r.)
  Einen Balken herunterhauen, um ein Rollholz zu machen. (hb.)

hindostanisch:
> Ein Haus verbrennen, um eine Wespe zu tödten. ¹)

In jedem Falle ist es unnütz, wie nur irgend Etwas sein kann:
> Was hilft's, wenn die Kuh viel Milch giebt, wenn sie den Eimer wieder umstößt. (d.) ²)

Wenn man zu seinem lieben Gut sagen muß:
> Hier hatt' ich dich, da verlor ich dich; (h.)

wenn es heißt:
> Die Flut wird wiederholen, was die Ebbe bringt. (engl.)

und:
> Durch ein Loch wirst du den Aal fangen, durch ein anderes wird er entwischen? (h.)

Ist aber der Aal erst einmal weg, dann hol' ihn Einer wieder:
> Was weg ist, ist weg — wer daran denkt, ist ein Narr,

sagt der Mailänder; der Deutsche:

> ### Geschehene Dinge leiden keinen Rath;

der Italiäner im Allgemeinen:
> Geschehene Sache hat einen Kopf;

der Neapolitaner:
> Wer getrunken hat, hat getrunken;

der Venetianer, gleich dem Spanier und dem Portugiesen:

---

1) Eine Moschee einreißen, um einen Ziegel zu bekommen. (hd.)
2) Die Kuh giebt wohl Milch, aber sie stößt sie auch wieder um. (h.)
  Grete, gute Kuh, giebt einen großen Eimer Milch, und stößt ihn dann mit den Füßen um. (engl.)

Mit Wasser, das vorüber, malt die Mühle nicht.¹)

Freilich spricht der Toskaner ironisch:

Nachträglich sind alle Gräben voll Vernunft,²)

aber der Mailänder ruft ungeduldig:

Nach der That unnütz der Rath;³)

der Deutsche fügt hinzu:

Geschehen ist geschehen,⁴)

und der Perser schließt:

Ein Mal abgeschossen, kehrt der Pfeil nicht zum Bogen zurück.⁵)

So darf denn der Praktikus, ohne befürchten zu müssen, daß man ihn auslachen werde, mit dem alten deutschen Kinderreim ankommen:

---

1) Das Wasser, das vorbeigeflossen ist, läßt der Müller nicht auf die Mühle. (cz.)
   Für das, was gewesen, giebt der Jude kein Geld. (f.)
2) Nachdem ein Ding geschehen ist, sind alle Graben voll Weisheit. (b.)
   Wenn ei ne Sache geschehen ist, verstehen sie auch die Narren. (b.)
3) Bei Zeit halt Rath,
   Denn nach der That
   Kommt er zu spat. (b.)
   Nach der That, schlimmer Rath. (cz.)
   Nach-Rath, Narrenrath. (b.)
   Ein Rath vor der Gefahr ist Wein, ein Rath nach der Gefahr Essig. (lett.)
   Es ist zu spät in den Rath zu gehen, wenn man mit dem Feinde schon handgemein geworden. (ba.)
4) Was geschehen ist, ist geschehen, und man kann nicht machen, daß es nicht geschehen sei. (it.)
   Geschehenes kann nicht ungeschehen gemacht werden. (lat.)
   Was geschehen ist, kann nicht hinweggebracht werden. (cz.)
   Was gewesen, das ist mit dem Wind auf dem Wasser fortgeschwommen. (klr.)
   Die vergangenen Dinge sind wie die Todten. (slc.)
5) Der Strom, der vorüber ist, kehrt nicht in sein altes Bett zurück. (pers.)

**Vorgethan und nachbebacht
Hat Manchen in groß Leid gebracht;** ¹)

erläuternd hinzufügen:

Zuerst thun und nachher bedenken ist der Grundsatz der Narren, (frz.)

und daran die Ermahnungen knüpfen:

Erst wieg's, dann wag's, (b.) ²)

und:

Miß drei Mal und schneide ein Mal, (it.) ³)

indem man richtig sagt:

Vorsorge verhütet Nachsorge. (b.) ⁴)

Besser vorher sehen, als nachher. (frz.) ⁵)

Miß die Tiefe des Wassers, bevor du hineintauchst. (ar.) ⁶)

Flicke zuvor dein Netz, ehe du auf den Fischfang gehst, (fin.)

denn:

Mit zerrissenen Netzen wird man keinen ergiebigen Fischfang thun, (r.)

und desgleichen:

---

1) Vorbebacht
  Hat Rath gebracht. (b.)
2) Erst besinn's,
  Dann beginn's. (Hrz.)
  Denke mit Muße und handle rasch. (frz.)
3) Miß drei Mal was du kaufst und schneide nur ein Mal. (engl.)
  Miß zehn Mal und schneide ein Mal. (ngr.)
  Tausend Mal miß, ein Mal schneide. (tü.)
4) Gute Wacht verhütet schlimmen Zufall. (frz.)
  Ein wachsam Auge kommt nicht leicht in Verlegenheit. (Hlg.)
5) Besser ein Vorsorger, als ein Nachsorger. (b.)
  Schläge, die vorhergesehen, schaden weniger. (it.)
  Vorher gewarnt, vorher gewaffnet. (engl.)
6) Frage nach der Tiefe des Baches, bevor du ihn zur Furt wählst. (bulg.)

Laß nicht das Netz daheim, wenn du fischen gehst. (lett.)

Ebenso gut könnte man:

Die Flinte ohne Kugeln laden. (v.)

oder:

Ohne Körbe zur Weinlese gehen. (frz.) ¹)

Da heißt es mit Recht spöttisch geringschätzig:

Er will ohne Axt in den Wald gehen. (frz.) ²)

Die Trappe wollte der Narr fangen, die Schlinge ließ er zu Haus. (tat.)

und:

Wer ohne Hunde auf die Jagd geht, kommt ohne Hasen nach Hause. (it.) ³)

Darum:

Koche, bevor dich hungert. (ngr.) ⁴)

Iß zu Mittag und koche für den Abend. (alb.)

Setze dich nicht ohne Zügel auf den Wagen, ohne Ruder auf's Schiff, ohne Sporen auf's Pferd. (p.)

Untersuche dein Schiff, ob es ein Leck hat, ehe du die Mündung der Donau verlässest. (bulg.)

denn:

Man muß sich nicht ohne Zwieback einschiffen. (frz.) ⁵)

und:

Man muß die Gerste säen, ehe man die Hühner hat. (r.) ⁶)

---

1) Ohne Haken nach Maulbeeren gehen. (frz.)
2) Wer in den Wald geht, um Holz zu fällen, darf das Beil nicht vergessen. (r.)
3) Mit dem hinkenden Ochsen auf die Jagd gehen. (v.)
4) Im Sommer schafft sich der Kluge den Schlitten, im Winter den Wagen an. (p. u. wal.)
5) Ohne Zwieback zu Schiff gehen. (v.)
6) Man muß den Stall bauen, ehe man die Schafe kauft. (lett.)
   Wer einen Thurm stehlen möchte, gräbt zuerst einen Brunnen, (um ihn darin zu verbergen). (pers.)

Es giebt auch noch ein anderes erprobtes Mittel, um sich vor finanziellen Ungelegenheiten zu sichern, nämlich:

Jeder strecke sich nach seiner Decke. (b.) ¹)

Strecke deine Füße so lang, wie dein Betttuch. (hb.) ²)

Man muß sich nicht länger strecken, als einem die Decke geht, sonst werden einem die Zehen kalt. (Mrk.) ³)

Nach der Länge des Kleides strecke die Beine. (äg. ar.) ⁴)

Streckt euern Arm nicht weiter, als euer Aermel reicht. (engl.) ⁵)

Man muß das Kleid nach dem Körper schneiden. (frz. u. pers.) ⁶)

Mache das Ränzel nicht größer, als den Rücken. (lett.) ⁷)

Dem Brode gemäß muß das Messer sein. (frz.)

―――――

1) Jeder strecke das Bein aus, wie er die Decke hat. (sp.)
2) Strecke deine Füße je nach der Länge der Decke aus. (tü.)
   Streckt enre Beine eurer Decke gemäß aus. (engl.)
   Nach der Bettdecke strecke die Beine aus. (f.)
   Nach dem Federbett strecke die Beine. (r.)
3) Strecke dich nicht weiter, als du dich bedecken kannst. (cz.)
   Wir dürfen die Beine nicht weiter strecken, als wir sie bedecken können. (nlf.)
   Wie du dich zudecken kannst, so strecke dich. (kro. u. slov.)
   Man muß sich nicht weiter ausstrecken, als das Betttuch lang ist. (it.)
   Strecke die Füße nicht weiter, als die Decke ist. (ngr.)
   Man muß seinen Fuß nicht weiter strecken, als die Decke geht. (plattd. u. pers.)
      Wer sich nicht nach der Decke streckt,
      Dem bleiben die Füße unbedeckt. (b.)
4) Man muß den Schritt nach dem Bein einrichten. (b.)
   Niemand mag weiter springen, als sein Springstock lang ist. (b.)
   Wage dich nicht weiter in die See, als dein Boot dich trägt. (lett.)
5) Man muß den Aermel nach dem Arm machen. (frz.)
   Greife nicht weiter, als deine Arme reichen. (lett.)
6) Schneidet euern Mantel nach euerm Tuche. (engl.)
7) Macht euern Schwanz nicht breiter, als eure Flügel. (engl.)

Der Reiter, der nur ein Pferd hat, soll nicht Futter nehmen für zweie. (d.) [1]

Man muß die Zehrung nach der Nahrung einrichten, (dä.) [2]

darum:

Regiere den Mund nach dem Beutel, (port.) [3]

und:

Thu' den Beutel nicht weiter auf, als er geschlitzt ist, (d.) [4]

denn:

Man muß sich nicht breiter ausbreiten, als man ist, (esth.)

und:

Man muß leben wie man kann, nicht wie man will. (d.) [5]

Vor Allem darf man nicht die Leidenschaft haben, von gewissen mit Kellen bewaffneten Arbeitern Stein auf Stein setzen und durch Kalf und Kitt verbinden zu lassen, weil man warnend spricht:

Bauen macht den Beutel schlapp, (d.)

oder:

Wer baut, reinigt seinen Beutel, (it.)

vorausgesetzt nämlich, daß dieser Beutel an zu großer Ueberfülle litte, und auch da könnte es leicht heißen:

---

1) Man soll nicht mit Sechsen fahren, wenn man nur für Zweie das Futter hat. (d.)
   Haltet nicht mehr Katzen, als ihr Mäuse habt. (engl.)
2) Man muß die Ausgabe nach der Einnahme einrichten. (it.)
3) Nach dem Beutel richte den Schnabel. (d.)
   Man muß das Maul nach der Tasche richten. (d.)
4) Man muß den Bissen nicht größer machen, als das Maul. (d.)
5) Unter niedriger Zimmerdecke springe nicht hoch. (cz.)
   Ist eine kurze Matte nicht in Jemands Hand, so schläft er sitzend. (afr.)
   Wessen Hand keinen Stuhl (zu erreichen) vermag, der setzt sich auf die Erde. (afr.)

Bauen ist ein süßes Armmachen. (engl.; g. ä. it.) ¹)

Der Franzose sagt sogar:

Wer die Bausucht hat, bedarf zu seinem Verderben keines andern Feindes,

denn:

Ein fertig Haus und ein angelegter Weinberg — man weiß nicht, was sie kosten. (it.)

und:

Wer ein Haus baut und eine Frau nimmt, bringt siebenzig Widerwärtigkeiten über sein Haupt. (hb.) ²)

Kurz:

Wer bauen will, muß eine gute Börse haben. (dä.) ³)

Bauen kann nur „Hab' ich," nicht „Hätt' ich." (d.) ⁴)

und:

Wer ein Haus kauft, findet's, wer eins baut, bezahlt's doppelt. (d.) ⁵)

Nicht ohne Grund spottet man daher:

Narren bauen Häuser, der Kluge kauft sie. (d.) ⁶)

und wohnt dann in Comfort auf Kosten seines unfreiwilligen Baumeisters. Auch anderweitig scheinen die armen Narren von den Klugen übervortheilt zu werden:

Die Narren bereiten das Fest, und die Klugen genießen es. (it., frz. u. engl.)

---

1) Bauen ist eine Lust, nur kostet sie Geld. (d.)
2) Wer heirathet und baut, giebt das Seinige preis. (frz.)
3) Wer bauen will, muß zwei Pfennige für einen rechnen. (d.)
4) Willst du um den Bau nicht weinen,
 Baue nur mit eignen Steinen. (d.)
5) Wer ein Haus kauft, hat manchen Balken und Nagel umsonst. (engl.)
6) Narren bauen Häuser, und kluge Leute kaufen sie. (engl.)
 (d.: bewohnen sie).
Narren bauen Häuser, Weise kaufen sie fertig. (f.)

Die Narren schöpfen Wasser, und die Weisen fangen die Fische. (engl.) ¹)

Blos in einem Falle ist es umgekehrt:

Die Narren erfinden die Moden, und die Weisen folgen ihnen. (frz.) ²)

Dennoch, meint der Praktikus, möge der Kluge lieber der verrücktesten Mode folgen, die je ein Narrengehirn aushecke, als jemals prozessiren:

Ein magerer Vergleich ist besser, als ein fetter Prozeß. (d. u. f.) ³)

Nur aus Ironie kann der Venetianer sagen:

Prozessire, denn der Vergleich bleibt dir immer;

der Engländer räth dringend:

Vergleicht Euch, denn das Recht ist theuer, ⁴)

weshalb der Däne grämlich spricht:

Die Prozesse machen die Parteien mager und die Richter fett, ⁵)

und der Italiäner poetisch höhnisch hinzufügt:

Der Prozeß ist ein schöner Baum im Garten des Advokaten. ⁶)

Derb pittoresk drückt es der Deutsche aus:

---

1) Laßt einen Narren die Eier rösten und einen Klugen sie essen. (engl.)
2) Obgleich die Narren die Moden erfinden, folgen ihnen doch die Weisen. (m.)
3) Ein schlechter Vergleich ist besser, als der beste Prozeß, (frz.) — als ein gut Urtheil, (sp.) — als ein feistes Urtheil. (it., d. u. h.)
   Kurzer Vergleich ist besser, als langer Prozeß. (r. u. kr.)
   Besser ein stroherner Vergleich, als ein goldner Prozeß. (g. u. p.)
4) Ein Fuß streitigen Bodens braucht oft zehn Morgen an Gerichtskosten. (chin.)
5) Narren und Streitsüchtige bereichern die Advokaten. (engl.)
6) Langer Prozeß, Weinlese für den Advokaten. (frz.)

Mit Habern gewinnt man Nichts, als Haberlumpen,

und ist, seiner angebornen Neigung nachgebend, entschieden der Meinung:

> Wenn man einen Streit mit Wein begießt, richtet man mehr aus, wie durch einen Prozeß.

Der Franzose sagt witzig:

> Ein Kläger muß drei Säcke haben: einen mit Geld, einen mit Papier und einen mit Geduld,

und der Holländer räth nun gar in phlegmatischer Hoffnungslosigkeit:

> Wer klagen will um eine Kuh,
> Der bringe eine noch dazu. [1]

Hierbei sind die folgenden Redensarten recht an ihrem Platze:

Das Spiel ist des Lichtes nicht werth. (frz. u. d.)

Die Braut ist der Kosten der Hochzeit nicht werth. (ngr.)

Die Brühe ist mehr werth, als der Fisch. (sa.) [2]

Der Vogel ist einen Pfennig werth, und du giebst einen Groschen, um ihn rupfen zu lassen. (hb.)

Das Futter ist theurer, als das Oberzeug. (tü.)

Das Halsband ist besser, als der Hund. (pers.)

Die Schleuder ist oft besser, als das Ziel. (lett.)

Es liegt in diesen Sprüchen überhaupt die Lehre, daß man Werthloses, was nur durch eine augenblickliche Grille oder ein eingebildetes Bedürfniß wünschenswürdig

---

1) Wer da habert um ein Schwein,
   Nehm' eine Wurst und laß es sein. (d.)
   Wer um eine Henne zu rechten hat, soll lieber ein Ei nehmen und den Vogel fliegen lassen. (d.)
2) Die Brühe ist mehr werth, als die Lamprete. (v.)
   Der Kohl ist der Brühe nicht werth. (h.)

wird, nicht wie etwas wirklich Werthvolles bezahlen soll. An Gutes dagegen soll man immerhin theure Preise wenden, man thut daran sogar klüger, als wenn man Mittelmäßiges oder gar Untaugliches nimmt, nur um es billig zu bekommen:

Wohlfeil kostet viel Geld. (d. u. engl.)

Ein billiger Kauf ist ein Taschendieb. (engl.)

Die wohlfeilen Waaren leeren die Beutel. (it.) [1]

Was gute Waare ist, an der man, selbst wenn man sie theuer bezahlt, doch Vortheil hat, das erkennt man leicht:

Gute Waare lobt sich selbst. (d. u. it.) [2]

Gute Waare macht raschen Verkauf. (engl.) [3]

Guter Wein braucht keinen Kranz. (h.) [4]

Gutes Buch braucht keinen Ausschreier. (r.)

Gutes Pferd findet auch im Stall einen Käufer. (cz.)

Dagegen:

Böse Waare muß man aufschwatzen, (d.) [5]

---

1) Guten Kaufs leert den Beutel, (d.) (frz.: lockt das Geld aus dem Beutel).
2) Gute Waare preist sich selbst. (h.)
   Gutes lobt sich selbst. (f. u. cz.)
3) Gute Waare verkauft sich selbst, (d.) (ill.: auch allein; mag.: geht auch ohne Markt ab).
   Bei guter Waare ist der Käufer da. (lat.)
   Zu guter Waare läuft das Geld. (fa.)
4) Guter Wein bedarf keines Schildes (keines Zeichens), (frz.) — keines Zweiges, (engl. u. frz.) — keines Kranzes. (d.)
   Wo guter Wein (p.: bei gutem Wein) ist kein Schankzeichen nöthig. (p. u. g.)
   Dem trinkbaren Wein ist der Epheukranz nicht nöthig. (lat.)
   Der Wein, der gut ist, bedarf keines Ausrufers. (sp.)
5) Faule Waare wird Jedermann angeboten. (d.)

und daher kommt es, daß:

Angebotene Waare stinkt. (engl. u. b.) ¹)

Aber freilich:

Man muß die Katze nicht im Sacke kaufen, (d. u. frz.)²)

oder, wie man auf der Insel Lesina sagt: nicht im Schlauche, denn:

Jeder ist schön ungesehen und gut ungeprüft. (ill.)

und so muß man, gleich dem Engländer, bestimmt erklären:

Ich mag nicht ein Schwein im Sacke kaufen.

Man muß das Pferd ansehen, ehe man es kauft. (r.)

man muß die guten Lehren beherzigen:

Wer die Kuh kaufen will, der komme in den Stall; (Mrk.)

Selbst ein irdener Topf muß klingen, bevor er gekauft wird; (hd.)

Nachtwildpret (d. h. solches, das man bei Nacht schießt, wo man es sich nicht aussuchen kann), ist nicht fett. (afr.)

und endlich muß man immer daran denken:

Wer kauft, hat hundert Augen nöthig, wer verkauft, hat genug an einem. (it., frz. u. engl.) ³)

und:

---

1) Angebotene Waare hat den Fuß abgehauen. (frz.)
2) Wer wird die Katze im Sacke kaufen? (neg. engl.)
   Den Kater kaufe nicht im Sacke. (Ukr.)
   Kauf nicht den Hasen im Sacke. (cz.)
       Wer Kiesel säet,
       Stoppeln mähet,
       Im Sacke kauft
       Und sich mit Thoren rauft,
       Der begehet Ding',
       Die thöricht sind. (Eif.)
3) Kauf bedarf hundert Augen, Verkauf hat an einem genug. (d.)

Wer die Augen nicht aufthut, muß den Beutel aufthun. (b.)¹)

Ist aber die Katze nicht im Sack oder im Schlauch, sondern nach sorgfältiger Untersuchung ihrer Persönlichkeit erstanden, und befindet sie sich im Hause, so soll sie auch im Hause bleiben, denn:

Wenn die Katze aus dem Hause ist, tanzen die Mäuse.
(b.) ²)

und diese Thatsache muß als eine höchst bedenkliche angesehen werden, indem das Sprichwort sie in wer weiß wie vielen Sprachen wiederholt:

Wo keine Katze, da tanzt die Maus. (it.) ³)

Wenn die Katze weg ist, heben die Mäuse die Köpfe. (tü.) ⁴)

Wenn die Katze nicht zu Hause ist, laufen die Mäuse über den Fußboden. (frs.) ⁵)

---

1) Was du nicht ansiehst, das bezahlest du mit der Börse. (r.)
   Augen auf!
   Kauf ist Kauf! (b.)
   Oeffne die Augen, damit man sie dir nicht aufmache. (bulg.)
   Laßt den Käufer sich in Acht nehmen. (engl.)
2) Wenn die Katze aus dem Hause ist, springen die Mäuse über Tische und Bänke. (b.)
   Wenn die Katze auf der Reise ist, tanzen die Mäuse auf Tischen und Bänken. (Eif.)
3) Die Katze ist abwesend, und die Mäuse tanzen. (ngr.)
4) Wenn die Katze weg ist, spielen die Mäuse, (engl.) (bä.: spielen die Mäuse auf den Bänken)
   Wo die Katze nicht ist, gastiren die Mäuse. (tr.)
5) Wenn die Katze nicht zu Hause ist, hat die Maus freien Lauf. (b.)
   Wenn die Katze nicht im Hause ist, da sind die Mäuse Herren im Hause. (kro.) (slov.: da sind die Mäuse guter Laune).
   Die Mäuse haben gut zu leben, wenn die Katze aus dem Hause ist. (esth.)
   Die Mäuse haben Kirchweih, wenn die Katze nicht zu Hause ist. (oschl.)
   Wenn der Kater nicht zu Hause ist, haben die Mäuse Kirchweih. (cz.)

Der Kater aus dem Hause, die Maus aus den Winkeln. (lit.)¹)

Ja, schon:

Wenn die Katze schläft, kommt die Maus aus dem Loche und vergnügt sich. (lat.)

und auch:

Wenn die Katze auf dem Boden ist, tanzen unten die Mäuse. (Pic.)

Wenn die Katze stirbt, freuen sich die Mäuse; (afr.)

da heißt es nicht länger:

Das Miauen der Katze machte die Mäuse still. (ngr.)

sondern:

Die Katze verreckte, die Maus ist wieder auferstanden. (alb.)

Die Ratten machen es nicht besser, als die Mäuse:

Fort die Katze,
Tanzt die Ratze. (b.)²)

Wenn die Katze aus dem Haus,
Strecket sich die Ratze aus. (sp.)³)

Die Ratten spazieren nach Gefallen, wo es keine Katzen giebt. (frz.)

Katze tobt, macht die Ratte aus ihrem Fell eine Trommel. (neg. engl.)⁴)

---

1) Wenn der Kater nicht im Hause ist, spielen die Mäuse auf dem Tische, (da sind die Mäuse lustig). (i.)
Wo die Katze nicht ist, da tanzen die Mäuse Kolo. (s.)
Katz' aus dem Haus,
Rührt sich die Maus. (b.)
Wohl weiß die Maus:
Die Katz' ist aus'm Haus. (scho.)
2) Katze nicht da,
Ratte macht Hopsasa. (neg. frz.)
Ist die Katze nicht daheim, tanzen die Ratten auf den Tischen. (frz.)
3) Katze nicht da, nehmen Ratten das Haus ein. (neg. engl.)
4) Tiger tobt, tanzen die Hirsche auf seinem Grabe, oder: spielen die Hirsche mit seinen Klauen. (neg. engl.)

II. 3

Auch sonst heißt es noch:

Die Löwen zogen ab, nun spielten die Hyänen; (äg. ar.)
Der Alkalde ohne Muth, die Schelme auf dem Platze; (port.)[1]
Wenn die Herrschaft fort ist, schmausen die Diener, (frz.)[2]

und dieser letzte Spruch dient als Erklärung zu dem:

Des Herrn Auge macht das Pferd fett. (eur.)[3]

eine Wahrheit, welche ein dicker Engländer, der auf einem dürren Pferde ritt, so naiv anerkannte und so wenig befolgte. Man frug ihn nämlich, warum sein Pferd so mager sei, während er sich doch in einem so vollkommenen — Futterzustand befinde. „O, das ist sehr leicht zu erklären," gab er zur Antwort, „ich selbst füttere mich, mein Diener füttert das Pferd."

Und nicht nur dem Pferde, dem Vieh überhaupt, thut die Gegenwart des Eigenthümers Noth; der Italiäner sagt sehr richtig:

Das Auge des Herrn macht das Pferd, und sein Fuß den Acker fett.[4]

---

1) Hund ohne Hirt, (Aufseher ohne Herrn). (lett.)
2) Herrenreise, Dienerschmaus. (frz.)
3) Des Herrn Auge füttert das Pferd wohl, oder: macht das Vieh feist. (b.)
Des Herrn Auge ist des Pferdes Futter. (ngr.)
Das Auge des Herrn weidet das Pferd, (macht das Pferd satt). (b.)
Das Auge des Herrn macht den Ochsen und das Pferd fett. (kro.)
Das Auge des Herrn macht die Kuh fett. (neg. engl.)
Die Augen des Herrn mästen das Pferd. (f.)
Das Pferd wird fett vom Auge des Herrn. (r.)
Fremde Pflege tödtet den Esel. (h.)
4) Des Herrn Fuß düngt den Acker. (b., lat. u. it.)
Die Gegenwart des Herrn ist der Dünger des Besitzthums. (it.)

Der Herr sieht mit einem Auge mehr, als der Knecht mit vieren, (d.) (it.: als der Diener mit zehn).¹)

Der Herr ist das Auge des Hauses. (it.) ²)

Der Herr auf dem Lande ist ein tüchtiges Fieber für den Meier und Wohlfahrt für die Meierei. (it.) ³)

Darum:

Schlimm für das Gut, das sein Herr nicht sieht, (it.) ⁴)

denn:

Wo kein Herr ist, ist Leid, (sp.) ⁵)

und:

Herr nicht zu Hause, Niemand zu Hause; (d.) ⁶)

hingegen:

Mann im Hause, Brod nah. (sa.)

Kurz, um in zwei guten Sprüchen mit dem Hebräer zu reden:

Möge der Herr des Weinberges selbst seine Dornen ausrotten,

Des Herrn Ritt über die Saat läßt goldnen Huf. (d.)
Des Bauern Fuß macht den Acker fett. (dä.)
Des Pachters Auge ist Düngung. (frz.)
1) Wenn der Herr kurzsichtig ist, so ist der Diener gar blind. (d.) Ein Spatenstich des Gärtners gilt für zehn des Gärtnerburschen. (lett.)
2) Die Augen des Herrn bewachen das Haus. (cz.) Des Herrn Auge Wächter. (r.)
3) Das Auge des Herrn schafft mehr, als seine beiden Hände. (d.) Aufsicht macht Arbeit. (frz.)
Wer Geld wegzuwerfen hat, der nehme Arbeiter und gehe weg, (v.) (t.: und bleibe nicht da).
4) Garten entfernt, Früchte verdorben. (neg. frz.)
5) Wo sein Herr nicht ist, ist sein Leid (des Pferdes). (sp.)
6) Wenn selbst hundert Sklaven da sind, das Haus scheint doch leer, (wenn der Herr fort ist). (hb.)

und:
> Möge der Eigenthümer des Ochsens kommen und demselben beistehen,

denn:

Selbst gethan ist bald gethan.
(d.) ¹)

Allerdings frägt der Engländer entrüstet:
> Was? einen Hund halten und selber bellen?

und der Deutsche spricht bedenklich:
> Selbst ist ein gut Kraut, wächst aber nicht in allen Gärten, ²)

aber der Italiäner ist entschieden der Ansicht:
> Es machen, wie der Podestà von Sinigaglia, der es befiehlt und selbst thut. ³)

Ebenso meint der Russe:
> Es schadet Nichts, wenn du nach deinem Diener pfeifst, aber es nutzt, wenn du dir selber das Glas Wasser holst. ⁴)

---

1) Selbst ist der Mann, (d.) (engl.: und Nichts dazwischen).
   Wer selbst arbeitet, arbeitet für Dreie. (v.)
   Wer's selbst ergreift, hat's in Händen. (d.)
   Selbst essen macht satt. (d.)
2) Selbst ist ein gut Kraut, aber es wächst in allen Gärten nicht; es wächst nur da, wo man früh aufsteht. (Mrk.)
   Selbst ist das beste Kraut. (h.)
3) Befiehl's und thu' es selbst, dann brauchst du nicht zu sorgen. (sp.)
   Will Jemand seine Sache gut verrichtet haben, muß er selber sie thun. (engl.)
   Selbst thut's ganz, Heißen zur Hälft' und Bitten gar nicht. (d.)
   Besser ist von eigner, als von fremder Hand bitten. (esth.)
   Selber thun, selber haben. (engl. u. d.)
   Wenn man seine Arbeit thut, beschmutzt man sich die Hände nicht. (v.)
4) Gieb deinem Knecht zu essen und fege dir selbst den Stall. (r.)
   Gieb deinem Jungen einen Dreier, und thu's selbst. (d.)

sonst kann es leicht gehen, wie in Spanien und Portugal:

> Der Herr befiehlt's dem Diener, dieser befiehlt es der Katze, und die Katze befiehlt es ihrem Schwanze. ¹)

Deshalb:

> Wer will, der gehe, wer nicht will, schicke; (it.) ²)
>
> Wenn du selber gehst, betrügt dich der Bote nicht; (Mrl.) ³)
>
> Fremde Hände sind bequem, aber nicht nützlich; (oschl.)
>
> Die eigne Hand ist Herrscher, (r.) ⁴)

und:

> Wer sich auf Andere verläßt, der ist verlassen genug. (d.)
>
> Wer sich auf Anderer Schüssel verläßt, ißt oft nur in Gedanken Mittag. (frz.) ⁵)

Willst du gut bedient werden, bediene dich selbst, und was du allein kannst, hoffe nicht von Andern. (sp.)

1) Der Priester befiehlt es dem Alumnus und dieser dem Kirchendiener. (f.)

Sie befahlen's dem Fuchs, und der Fuchs befahl's seinem Schwanz. (ngr.)

Du schickst den Hund, er schickt seinen Schwanz. (neg. engl.)

Der Hund treibt den Schwanz, der Schwanz treibt des Schwanzes Spitze, diese die Wolle, die Wolle hat keine Lust dazu. (esth.)

Vor dem Diener ein Hund, vor dem Hund ein Zelt (hergesandt). (hd.)

Meine Magd hat eine Magd, mein Knecht einen Knecht. (esth.)

2) Was du willst, das hole selbst, was du nicht willst, das begehre durch einen Andern. (d.)

3) Wer selbst geht, den betrügt der Bote nicht. (d.)

Kein Bote so gut, wie der Herr selbst. (it.)

Es giebt keinen bessern Boten, als „man selber." (frz.)

4) Große Reiche sind nie durch Anderer Hand erobert worden. (or.)

5) Wer sich auf Anderer Schüssel verläßt, hat oft ein sehr schlechtes Mittagessen. (frz.)

Hoffe auf fremden Brei, sorge aber, daß der deinige im Ofen sei. (r.)

Wer auf den Tisch eines Andern hoffen muß, dem ist die Welt finster. (hbr.) ¹)

Der Wolf wird nicht durch einen Boten satt. (oschl.) ²)

Das ist nur ein leerer Beutel, der von Anderer Geld voll ist. (engl.) ³)

Wehe dem, der sich nicht mit seinen eignen Nägeln juckt, (ngr.)

indem es heißt:

Die, welche sich auf Andere verlassen, werden Ermüdung spüren, wenn sie selbst handeln sollen. (ta.)

Ja, sogar die göttliche Hülfe, versichert der Praktikus, kommt nicht, ohne daß man ihr hilft:

Hilf dir selbst, so hilft dir Gott, (eur.) ⁴)

denn:

Obgleich Gott ein guter Arbeiter ist, so will er doch, daß man ihm helfe, (ba.) ⁵)

und man muß daher:

Gott anrufen und die Hände anlegen. (llr.)

An Ermahnungen dazu mangelt es nicht:

Hilf dir, so werde ich dir helfen, sagt der Herr. (v.) ⁶)

Rühr' Hand und Fuß, so hilft dir Gott. (isl.) ⁷)

---

1) Das Leben von Dreien ist kein Leben: wer auf den Tisch eines Andern hofft, wer unter der Herrschaft seiner Frau steht, und wer mit körperlichem Leiden behaftet ist. (hbr.)
2) Der Wolf ißt nie ein Schaf durch einen Abgesandten. (ngr.)
   Wer sich durch Anderer Hände füttern läßt, wird spät satt. (v.)
3) Verlasse sich Niemand auf das Gut eines Andern, so reich es sei. (sp.)
4) Hilf dir, so hilft dir Gott; thue recht, und dir wird kein Uebel widerfahren. (frz.)
   Hilf dir, so hilft dir der Himmel. (frz.)
5) Zu Gottes Hülfe gehört Arbeit. (b.)
6) Gott spricht: hilf dir selbst, so werde auch ich dir helfen. (f.)
   Hilf dir, so werb' auch ich dir helfen. (v.)
   Mensch, hilf dir selber, so hilft dir Gott. (b.)
7) Rühre Hände und Füße, und Gott wird dir helfen. (bä.)

Wer sich hütet, den hütet auch Gott, (ill.)

aber:

Wer im eignen Hause beregnet und beschneit wird, dessen erbarmt sich auch Gott nicht, (b.) ¹)

und:

Wer den Beutel nicht öffnet, dem kann Gott das Geld nicht hineinschütten; (r.)

darum:

Bleibe nicht mit den Händen auf dem Gürtel, (v.)

sondern:

Zuerst binde deinen Esel an, dann kannst du ihn Gott empfehlen, (tü.)

und:

Hoffe auf Kohl, aber pflanze ihn auch, (lett.)

denn:

Hast du nur für Holz, Wasser und Kraut gesorgt, so wird Gott dir schon die Suppe kochen. (r.) ²)

Zu aufgesetzter Leinwand giebt Gott das Garn, (v.)

aber:

Keine Flachssaat so gut, daß sie gleich Linnen trägt. (lett.)

Gott hilft dem, der früh Hand anlegt. (sp.)
Gott hilft denen, die arbeiten. (port.)
Dem, der arbeitet, hilft Gott. (sa.)
Gott hilft dem Fleiß. (b.)
Gott segnet die Hand, die arbeitet. (dä.)
Gewaschnen Händen giebt Gott Essen. (port.)
In Gottes Kram ist Alles um Arbeit feil. (b.)
1) Wer selbst nicht anspannt, dem soll man nicht vorspannen. (b.)
Wer sich nicht hilft, ertrinkt. (v.)
2) Wer sich den Geldsack verdient, dem legt Gott die Rubel hinein. (r.)

Gott bescheert wohl die Kuh,
Aber nicht den Strick dazu. (b.) ¹)

Gott giebt wohl die Milch, aber nicht den Eimer. (lett.) ²)

Gott giebt einem wohl den Ochsen, aber nicht bei den Hörnern. (b.)

Gott giebt uns Hände, aber er baut keine Brücken für uns. (engl.)

Gott giebt Keinem den Kalk gleich gelöscht. (lett.) ³)

Gott giebt wohl den Wein und die Flasche, aber nicht das Glas dazu, (r.)

und deshalb:

Danke Gott für die Quelle und sorge für den Schöpfbecher, (r.)

und sprich entschlossen:

Jeder für sich und Gott für Alle. (b., engl., frz., it.)

Jeder zahle seine Zeche. (b.)

Jeder Haufirer trage seinen eignen Pack. (engl.)

Jeder muß seine Haut selbst zu Markte tragen. (b.)

Jedes Faß muß auf seinem eignen Boden stehen. (engl.)

Jeder Hering muß an seinen eignen Kiemen hängen. (engl.)

Jeder Vogel muß sein eignes Ei ausbrüten. (engl.)

Jedes Pferd jage sich die Fliegen mit seinem eignen Schweife weg. (v.)

Aus dem Grundsatz: „Jeder für sich," ergiebt sich in logischer Nothwendigkeit der Spruch:

---

1) Gott giebt einem wohl die Kuh und auch das Fressen, aber nicht den Strick dazu. (Mrk.)
2) Gott giebt zwar der Schwalbe die Heuschrecke, aber er legt sie ihr nicht in den Schnabel. (r.)
3) Gott giebt uns den Kalk, aber wir müssen ihn brennen. (r.)

Jeder ist sich selbst der Nächste,
(d.) ¹)

bei dessen Verfolgung im Sprichwort man allerdings genau zwischen Ernst und Ironie unterscheiden muß, um nicht zu falschen Schlüssen zu gelangen. Wohin würde es führen, wenn man folgende Sätze als Lehren nehmen wollte?

> Erst komm' ich, und wieder ich, und nochmals ich, und dann kommen die Andern noch lange nicht. (d.) ²)
>
> Bin ich schuld, laßt meinen Mann bersten, aber ist er schuld, laßt ihn selbst bersten. (ngr.)
>
> Wenn das Wasser der Sündflut kommt, so lege deinen Sohn unter deine Füße. (hbr.)

Dieser letzte Spruch, welcher, um so zu sagen, die Quintessenz des Egoismus enthält, bezieht sich auf die moslemitische Sage, nach welcher die widerspenstigen Söhne Noah's, als ihnen das Wasser der Sündflut bis an den Mund stieg, ihre Kleinen, die sie zuerst väterlich liebevoll auf das Haupt gehoben, um sie so zu retten,

---

1) Jeder sich der Nächste. (cz.)
Der erste Nächste ist man selbst. (t.)
Alle singen besser, wenn es heißt: ora pro me! (als wenn es heißt: ora pro nobis!) (b.)

2) Erst komm' ich, und dann kommt mein Nächster. (Torgau.)
Zuerst mir und dann dir, ist es möglich. (p.)
Zuerst Ohm und dann Ohm's Kinder. (h.)
Sankt Franziskus rasirte zuerst sich selbst und dann seine Fraters. (b.)
Der Herr hat zuerst sich selbst rasirt und dann seine Jünger. (v.)
Der Herr hat zuerst sich selbst und dann seinen Aposteln die Füße gewaschen. (it.)
Gott hat sich selbst zuerst den Bart wachsen lassen. (f.)
Jeder streichelt sich seinen Bart. (tro.)

nun, in dem Entsetzen vor dem eignen Tode, sich unter die Füße legten, um noch einige Augenblicke lang höher zu stehen, als die verschlingenden Wogen. Wer wird hier nicht den schauerlichen, melancholischen Spott erkennen, welchen das Sprichwort häufig annimmt, wenn es die Menschennatur in ihren dunklen Stunden photographirt? Hingegen dürften dem „Humanitäteln," welches kopflos oder heuchlerisch überall nach Gutem sucht, was es thun könne, und dabei die nächstliegenden Pflichten übersieht und vernachlässigt, nicht bald bessere Lehren ertheilt werden, als durch den Praktikus.

Schmücke dich zuerst, und dann schmücke die Andern,

läßt er den Hebräer sagen, und damit den „Humanitätler" bedeuten, er möge erst an seine moralische Verbesserung denken, und dann an die Anderer. Der hindostanische Spruch:

Steckt zuerst eure Lampe zu Hause an, und dann die in der Moschee,

belehrt uns, wir sollen erst unsere persönlichen Obliegenheiten erfüllen, bevor wir die äußerliche Gottesverehrung ausüben. Darauf wird uns an's Herz gelegt, wir sollen zuvörderst Diejenigen, welche von Natur aus unsere Nächsten sind, zu versorgen und zu beglücken trachten, bevor wir als Menschheitsversorger und Weltbeglücker auf die Straße hinauswandern:

Die Liebe fängt daheim an. (engl.) [1])

Klebt Fett an deiner Hand, so wische sie an deinen nächsten

---

1) Liebe fängt bei sich an. (fr.)

Freunden ab, (d. h. laſſe die Deinigen genießen, was dir an Reichthum beſchieden ward). (äg. ar.) ¹)

Wenn dein eigner Hof trocken iſt, gieße das Waſſer nicht auf den Weg. (ngr.)

Denn:

Das Hemd iſt mir näher, als der Rock. (d., bä. u. ſl.)

Nah iſt mein Unterrock, doch näher iſt mein Hemd. (engl.)

Dichter ſitzt das Hemd, als das Wamms. (frz. u. it.)

Mein Hemd iſt mir näher, als mein Kleid. (frz.)

Genug:

Das Hemd iſt der Haut am nächſten. (Frz.)

Leider kommt nun aus der vernünftigen Verwandten=liebe wieder der Egoismus herausgekrochen, der Praktikus wird aus dem Moraliſten auf's Neue zum Photographen, und wir hören vom Sardinier:

Zuerſt das Fleiſch, und dann das Hemd; ²)

vom Franzoſen:

Meine Haut iſt mir näher, als mein Hemd; ³)

vom Spanier:

Meine Zähne ſind mir näher, als meine Verwandten, ⁴)

und vom Altgriechen:

Das Bein iſt weiter, als das Knie.

---

1) Thu' dir und den Deinen Gutes, und dann, willſt du, den Andern. (it.)
    Denk' erſt an dich, dann an die Deinen,
    Dann an die Andern, wenn du kannſt. (it.)
2) Das Fleiſch iſt näher, als das Hemd. (frz.)
    Das Hemd berührt mich, aber das Fleiſch ſitzt an mir. (ba.)
3) Das Hemd ſitzt mir dicht an, aber meine Haut noch dichter. (port. u. engl.)
4) Näher iſt der Zahn, als irgend ein Verwandter. (it.)

Egoismusäußerungen in Bezug auf das Allgemeine hö=
ren wir in folgenden Sprüchen:

>Es denkt Jeder in seinen Sack. (d.)
>
>Jeder leitet das Wasser auf seine Mühle. (it.) [1]
>
>Jeder fischt, wenn bei ihm Flut ist. (h.)
>
>Jeder scharrt auf seinen Kuchen (d.) [2]
>
>Jede Henne rupft für sich. (it.)
>
>Der Priester predigt eigentlich für sich. (ba.)

Kurz:

>Jeder sucht seinen Nutzen. (frz. u. it.)

Freilich fühlt auch Jeder am dringendsten die eignen
Bedürfnisse, denn:

>Jeder weiß am besten, wo ihn der Schuh drückt. (d. u. lat.) [3]
>
>Die Wunde, die der Stiefel verursacht, ist am besten dem Träger oder dessen Fuß bekannt. (hd.) [4]
>
>Jeder weiß am besten, wo's ihm weh thut. (engl.) [5]

---

1) Jeder Müller leitet das Wasser auf seine Mühle. (engl.) (p. u. cz.: auf sein Rad).
   Jeder leitet das Wasser auf seine Wassermühle. (f.)
2) Jeder scharrt die Kohlen zu seinen Eiern. (bulg.)
3) Jeder weiß, wo ihn der Stiefel drückt. (tro. u. kr.)
   Alle wissen, wo der Schuh sie drückt. (v.)
   Niemand weiß, an welcher Seite der Schuh drückt, wenn nicht der, welcher ihn anzieht. (it.)
   Niemand weiß so gut, wo der Schuh drückt, wie der, welcher ihn trägt. (engl.)
   Keiner weiß, wo ihn der Schuh (Stiefel) drückt, als der, welcher darin geht. (cz.)
   Einer weiß nicht, was den Andern im Stiefel drückt. (cz.)
   Eines Jeden eigner Schuh drückt den eignen Fuß. (esth.)
   Wo es Jemand drückt, das weiß er am besten. (f.)
4) Jeder weiß, wo der Schuh ihn wund drückt. (frz.)
5) Ihr reibt mich, ehrwürdiger Herr, an einer Stelle, und ich fühle Schmerz an einer andern. (ngr.)

Jeder fühlt seinen Puls. (v.)

Der, welcher leidet, kennt Kopfweh und Fieber. (ta.)

Jeder weiß, was in seinem Kessel kocht, (neg. frz.) (v.: was in seinem Topfe kocht).

Nicht minder weiß, der Meinung des Praktikus nach, Jeder am besten, was ihm gegen Schuhdrücken oder andere Plagen helfen könne, da es heißt:

Es ist kein Narr, er ist seines Vortheils gescheidt, (v.) oder auch:

> Mehr weiß Narr Klaus
> In seinem Haus,
> Als selbst die Weisern
> In andern Häusern. (b.) [1]

Der Narr besorgt seine Angelegenheiten besser, als der Weise die der Andern. (corf. u. v.)

Der Narr ist weise in seiner eignen Angelegenheit. (perf.)

Jeder kann in seinem Buche lesen. (v.) [2]

Jeder kennt seine Karten. (it.) [3]

Genug:

> Zweier Rath war niemals gut, (it.)

und:

> Mit seinen beiden eignen Augen sieht man mehr, als mit zehn fremden. (r.) [4]

Jeder weiß am besten, was er trägt. (cz.)
Niemand kennt die Schwere von eines Andern Last. (engl.)
1) Der Narr weiß mehr im eignen Hause, als der Weise in denen Anderer. (v. u. h.)
2) Jeder lies't in seinem Meßbuch. (v.)
3) Ich kenne am besten die Sonne meines Landes. (äg. ar.)
4) Besser ein eignes Auge, als zwei fremde. (p.)
Wer mit fremden Augen sieht, sieht je länger je weniger. (b.)
Besser ist ein Auge im eignen Hause, als zehn in Anderer Hause. (v.)
Frembes Auge sieht nicht weit, (cz.) (p.: nicht scharf).
Eignes Auge trügt nicht. (esth.)

Aber wie es beim Sprichwort fast immer ein Für und ein Wider giebt, so auch hier, indem der Deutsche sagt:

>Zwei Augen sehen mehr als eins;

der Franzose gleich dem Italiäner:

>Vier Augen sehen mehr als zwei; ¹)

der Engländer:

>Zwei Köpfe sind besser, als einer;

der Venetianer:

>Mehr wissen der Priester und der Bauer, als der Bauer allein. ²)

Als Gründe dafür giebt der Praktikus an:

>Niemand ist weise in seinem eignen Stück. (vl.) ³)
>
>>Kein lebender Mann
>>Alle Dinge kann, (engl.) ⁴)

und:

Eine Schwalbe macht keinen Sommer.
(b., bä. u. esth.) ⁵)

>Eine Schwalbe macht weder den Sommer, noch eine Schnepfe den Winter. (engl.) ⁶)

---

1) Mit vielen Augen ist besser sehen, als mit einem. (b.)
2) Ein Doktor und ein Bauer wissen mehr, denn ein Doktor allein. (b.)
3) Advokaten sehen Nichts in ihren eignen Sachen. (frz.)
4) Zwei vermögen stets mehr als Einer. (b.)
5) Eine Schwalbe macht keinen Frühling, (agr.) — nicht den Frühling, (frz.) — nicht Frühjahr. (lat., it., sp., cz., g., kro., r. u. s.)
   Ein Schwälbchen bringt nicht das Frühjahr. (p.)
   Mit einer Schwalbe wird nicht das Frühjahr. (bulg.)
   Auch ohne eine Schwalbe wird Sommer. (cz.)
6) Eine Krähe macht keinen Winter. (b.)
   Eine Elster macht keinen kalten Winter. (h.)

Eine Schwalbe macht nicht Frühjahr, ein Stamm ist kein Wald. (mag. u. flo.) ¹)

Ein (schöner) Tag bringt den Kukuk (Frühling) noch nicht. (alb.)

Eine Schnepfe bedeckt den Teller nicht. (neg. engl.)

Ein Baum macht nicht den Wald. (E.) ²)

Ein Blatt macht keinen Baum. (lett.)

Ein Grashalm macht keine Wiese. (r.)

Eine Blume macht noch keinen Kranz. (bä.) ³)

Eine Traube macht noch keinen Weinberg. (r.) ⁴)

Ein Dorn macht keinen Zaun. (it.) ⁵)

Eine Welle macht kein Meer. (r.) ⁶)

Ein Brand allein brennt nicht lange. (b.)

Ein Stein kann kein Mehl mahlen. (plattd.)

Eine Nuß im Sacke klappert nicht. (it.) ⁷)

Eine Hand klatscht nicht. (tü.) ⁸)

---

1) Eine Schwalbe bringt nicht das Frühjahr herbei, und ein Baum macht keinen Wald. (wal.)
2) Ein Baum macht keinen Hain. (cz.)
   Ein Baum ist kein Wald. (vschl.)
3) Eine Blume macht kein Gewinde. (it.)
   Eine Blume macht keinen Garten, und wär' sie auch eine Rose. (r.)
   Eine Blume allein macht nicht Frühling. (flc.)
4) Ein Korb mit Trauben macht noch keine Weinlese. (it.)
5) Aus einem Reis wird kein Besen. (b.)
   Ein Haar macht noch keinen Pelz. (r.)
   Eine Feder macht keinen Pfühl. (r.)
6) Ein Tropfen Honig macht das Meer nicht süß. (bä.)
7) Ein Schilling in der Tasche klingt nicht. (bä.)
8) Eine Hand bringt keinen Schall hervor. (hb.)
   Um mit den Fingern zu knacken, genügt ein Finger nicht. (ta.)
   Ein Finger kann nicht Kalalu essen (eine dünne grüne Suppe, die man auf den Antillen sehr liebt). (neg. frz.)

   Ein Finger macht keine Hand,
   Ein Balken noch keine Wand,
   Ein Schwälblein noch keinen Sommer. (b.)

Eines Stimme, Keines Stimme. (it.) ¹)
Ein Mann, kein Mann, (b. u. lat.) ²)

denn:

Ein Mann macht keine Stadt. (lat.) ³)
Ein Mann macht keinen Tanz, (it.) (frz.: Ball), ⁴)

und:

Eines Mannes wegen bleibt kein Pflug stehen. (b.) ⁵)
Eines Mönches wegen geht die Abtei nicht zu Grunde. (frz.)
Eines Stammes willen stürzt der Wald nicht zusammen. (olf.)
Wenn ein Schiff untergeht, hindert das die andern nicht am Fahren. (neg. frz.)
Um einen Tag verspätet sich der Sommer nicht. (p.)

In gleicher Bedeutung hören wir:

Es steckt kein Wirth den Reif aus von eines Gastes wegen; (b.) ⁶)
Kein Dieb geht wegen einer Rübe in den Garten; (esth.)
Um eines Frommen willen baut man kein Kloster; (r.)
Man macht keine Kapuze um eines Regens willen, (v.) ⁷)

---

1) Einer zählt nicht. (it.)
   Einer entscheidet nicht. (v.)
2) Einer und Keiner ist ganz eins. (sp.)
   Ein Mann allein ist für Niemand gut. (sa.)
   Ein Mann allein hilft wenig. (frz.)
   Einer allein ist kein Held. (afr.)
   Wenn du auch stark bist, thust du doch nicht zweier Leute Arbeit. (afr.)
3) Eine Ameise macht keinen Haufen. (r.)
4) Ein Mann macht keinen Tanz,
   Eine Blume keinen Kranz. (d.)
   Ein Mann kann keinen Tanz machen. (b.)
   Ein Jude macht keinen Jahrmarkt. (kro.)
5) Ohne einen Menschen kann Markt sein. (f.)
6) Es legt kein Krämer aus von eines Käufers wegen. (b.)
7) Man macht keinen Mantel eines Schauers wegen. (v.)

und will ein eingebildetes Menschenkind sich dennoch als ein Unicum gehaben, so wird ihm spottend gesagt:

> Es giebt mehr als einen bunten Hund. (d.) [1]
>
> Es ist mehr als ein Esel auf dem Markt, der Martin heißt. (frz.) [2]
>
> Es giebt mehr Wege in den Wald, als einen. (engl.) [3]
>
> Alles Gehirn ist nicht in einem Kopfe. (dä.)
>
> Ein Weib hat nicht alle Schlüssel anhängen. (d.) [4]

Es ist auch sehr gut, daß es mehrere Mittel und Wege giebt, um zu einem Ziele zu gelangen, denn:

> Ein Schuh ist nicht Jedem gerecht. (d.) [5]
>
> Nicht alle Füße passen in einen Schuh. (v.)
>
> Ein Sattel paßt nicht auf jeden Rücken. (it.)
>
> Es ist nicht allen Bäumen eine Rinde gewachsen. (d.)
>
> Jeder wird geboren, aber nicht Jeder paßt zu den Leuten. (r.)

Wer selbst nur einen Weg kennt, und ihn wieder und wieder wandert, wird verhöhnt:

> Es ist eine schlechte Maus, die nur ein Loch weiß. (d.) [6]

---

1) Es giebt mehr als eine bunte Kuh. (d.)
Es giebt mehr Arten, einen Hund umzubringen, als Hängen. (engl.)
2) Es sind mehr Mähren in der Welt, als Grisell. (engl.)
3) Man kommt auf mehr als einem Wege nach Rom. (it.)
4) Die Schlüssel hängen nicht alle an einem Gürtel. (d.)
5) Nicht jeder Schuh paßt jedem Fuß. (engl.)
Nicht alle Schuhe passen an einen Fuß. (p.)
Nicht alles Schuhwerk paßt auf einen Fuß. (cz.)
Denselben Schuh ziehst du nicht auf jedes Bein. (m.; a. lat.)
6) Arm ist die Maus, die nur ein Loch hat. (cz. u. r.)
Schlecht ist die Maus, die nur ein Loch hat. (kro.) (it.: um sich zu flüchten).
Die Maus, die nur ein Loch hat, ist bald gefangen. (engl.) (frz.: sogleich erschnappt).
Die Maus, die nur ein Loch weiß, die Katze fängt sie bald. (frz.)

Das ist ein dummer Fuchs, der nur ein Loch weiß. (Mkl.) ¹)

Der Bock, der nur mit einem Horn geboren ist, wird sich dasselbe leicht abstoßen. (r.)

Der ist ein schlechter Musiker, der nur ein Stück kann. (engl.)

Dazu die Langeweile, ihn mit dem einen Stückchen immer wieder anhören zu müssen! Mit Recht sagt der Praktikus auf französisch:

Gott bewahre Euch vor einem Menschen, der nur ein Geschäft hat! ²)

und auf italiänisch:

Gott behüte mich vor denen, die nur ein Buch lesen!

Sie können nicht anders, als:

Alle Gedanken um ein Rad drehen, (r.)

und:

Alle Worte von einem Knäuel wickeln; (r.)

darum ist entschieden:

Gutes Liegen an zwei Ankern. (engl.) ³)

Warnend spricht der Praktikus:

Leg' beinen Reichthum nicht all' auf ein Schiff. (b.) ⁴)

Lege nicht Alles auf einen Tag. (isl.)

Hänge nicht Alles an eine Hoffnung. (ngr.)

Henke nicht Alles an einen Nagel. (b.) ⁵)

---

1) Der Fuchs, der nur ein Loch hat, ist bald gefangen. (frz.)
2) Gott behüte mich vor Einem, der nur ein Geschäft hat! (it.)
3) Ein Schiff steht an zwei Ankern fester, als an einem. (b.)
   Es ist gut, eine Echmühle zu haben. (b.)
4) Lade nicht Alles in ein Schiff. (b.)
   Wage nicht Alles in einem Schiff. (engl.)
   Auf einen Kahn lade nicht Alles. (j.)
5) Ich will nicht alle meine Schellen einem Pferde anhängen, (nicht Alles einem Sohne hinterlassen). (engl.)

Man muß nicht allen Samen in dasselbe Feld streuen. (frz.)¹)
Gleich besorgt warnt der Praktikus vor dem Irrthum, man könne mit einer einzigen Anstrengung irgend etwas Schweres vollbringen:

Es fällt kein Baum auf einen Hieb. (b., h., it., cz.)²)
Die Eiche fällt nicht auf ein Mal. (ill.) ³)
Ein Streich macht den Stockfisch nicht weich. (b.)

Aber:

Was ein Streich nicht kann, das thun zehn; (b.) ⁴)
Von vielen Schlägen wird der Stockfisch weich, (b. u. bä.) ⁵)

und:

Viele Hunde sind des Hasen Tod. (b. u. bä.)

Ein Heer von Ameisen kann auch einen Elephanten quälen. (pers.) ⁶)
Hundert Gänse bringen einen Wolf um. (it.)

Ja, sogar blos:

---

1) Man muß nicht alle Eier in denselben Korb legen. (frz.)
2) Es fällt kein Baum auf den ersten Hieb. (lat.)
   Auf den ersten Schlag fällt der Baum nicht. (it.)
3) Auf einen Hieb fällt die Eiche nicht. (cz.)
   Nicht kann die Eiche auf einen Hieb fallen. (kro.)
         Es fällt kein' Eiche
         Von einem Streiche. (b.)
   Mit einem einzigen Schlage fällt man keine Eiche. (frz., it., sp.)
   Nicht (blos) einen Hieb mit der Axt, wenn du die Eiche fällen willst. (p.)
   Auf ein Mal haut man die Eiche nicht ab. (s.)
   In einem Athemzuge schlägst du die Eiche nicht nieder. (cz.)
4) Viele Streiche
   Fällen die Eiche. (b.)
5) Viele Schläge machen den Stockfisch mürbe. (h.)
6) Die Ameisen tödten einen Ochsen. (neg. frz.)
   Hundert „Nichts" tödteten den Esel. (ill.)

Mit zwei Katzen hat man einen Löwen gefangen; (hbr.) [1]

Zwei Antilöpchen überwinden eine Antilope, (afr.)

und:

Zwei Männer werden eines Mannes Herr. (h.) [2]

Das ist jedoch nur der Fall, wo Gegnerschaft herrscht. Wo statt ihrer Gegenseitigkeit waltet, da heißt es:

Eine Hand wäscht die andere. (d.) [3]

Eine Hand wäscht die andere, und beide waschen das Gesicht. (d., piem. u. v.)

Mit der einen Hand wäscht man die andere, und mit beiden die Augen und das Gesicht. (prov.)

Die rechte Hand, die wäscht die linke Hand, und die linke Hand, die wäscht die rechte Hand. (neg. engl.) [4]

Hand wäscht Hand und Finger Finger. (hd.)

Die Hand wäscht die Hand, der Fuß stützt den Fuß. (klr. u. p.)

Eine Hand wäscht die andere, auf daß sie beide weiß werden. (lit.)

Diese Gegenseitigkeit bildlich erläuternd, fährt der Praktikus fort:

---

1) Zwei Katzen besiegen einen Bären. (alb.)
2) Auch zwei Geringe überwinden Milosch. (ill.)
3) Eine Hand wäscht die andere, nur muß ein Dritter nicht die Seife dazu hergeben sollen. (d.)
   Die eine Hand wäscht die andere, und beide das Gesicht. (dä. u. sp.)
   Eine Hand wäscht die Hand, und beide zusammen das Gesicht. (cz.)
   Die Hand wäscht die Hand, (agr., lat., cz., tr.) — und beide das Gesicht, (f. u. kro.) — und beide werden rein. r.)
   Die Hand wäscht die andere, so werden beide rein. (esth.)
   Wenn die Hand die Hand wäscht, sind beide rein (weiß). (cz.)
   Eine Hand reibt die andere. (frz.)
   Am Hofe wäscht eine Hand die andere. (engl.)
   Ein Messer wetzt das andere. (hd.)
4) Linke Hand wäscht rechte Hand. (neg. frz.)

Es geht dich auch an, wenn des Nachbarn Haus brennt. (d.) ¹)

Siehst du, daß der Bart deines Nachbarn absengt, mache deinen naß. (sp.) ²)

Siehst du einen Bären in deines Nachbarn Garten, erwarte ihn in deinem eignen. (ngr.)

Wenn ein Huhn deines Nachbarn Korn frißt, treib's weg: ein andermal wird es das deine fressen. (afr.)

Man pflegt seines eignen Gartens, wenn man im Garten des Nachbarn das Unkraut ausjätet. (r.)

Leite die Quelle auf deines Nachbarn Mühle, damit sie deine Wiese bewässere. (lett.)

Man sieht, es handelt sich hier nicht um ein höheres Prinzip, nicht von der Schönheit der Nächstenliebe, lediglich von ihrem Nutzen. Mit dem, was nützt, hat der Praktikus es hauptsächlich zu thun, und im Sinne des Vortheils, den das Gute bringt, sagt er daher:

Gleiches mit Gleichem.
(d.) ³)

Maß für Maß. (engl.)

Nagel für Nagel. (mag.)

---

1) Wenn deines Nachbarn Haus brennt, nimm deines in Acht, (engl.) (ngr.: ist deines in Gefahr).
   Wenn man des Nachbarn Haus brennen sieht, hat man Recht, sich zu fürchten. (frz.)
2) Wenn der Bart des Kameraden Feuer fängt, mache deinen eignen naß. (neg. frz.)
3) Gleiches für Gleiches. (d.)
   Gleich um Gleich, wenn Freundschaft bestehen soll. (dä.)
   Ehre um Ehre, Dienst um Dienst. (r.)
   Liebes für Liebes. (f.)

Auge um Auge, Zahn um Zahn. (frz.)

Schimpf für Schimpf. (cz.)

Blut für Blut. (d.)

Schlag für Schlag wiedergeben. (it.)

Kohl für Kohl wiedergeben. (frz.) ¹)

Brod für Kuchen wiedergeben. (it.) ²)

Marder für Fuchs wiedergeben. (frz.) ³)

Eine wilde Taube für eine zahme. (agr.)

Aus dem epigrammatisch sentenziösen Ton in den leh=
renden übergehend, spricht der Praktikus:

Wie du ausgiebst, so kriegst du's wieder. (plattd.) ⁴)

Wie du thust, wirst du empfangen; sieh', ob's nicht so ist. (hb.) ⁵)

Gebet, und Ihr werdet empfangen. (v.) ⁶)

aber freilich:

Klopfe nicht an Anderer Thür, wenn du nicht willst, daß an
die deinige geklopft werde; (tü.) ⁷)

oder:

Die Hand, welche zu lässig war, Andern Dienste zu erweisen,
strecke nicht aus nach hohen Stellen. (äg. ar.) ⁸)

---

1) Wurst, wieder Wurst. (d.)
2) Zweige für Blätter wiedergeben. (t.)
   Für die Schüssel biete man die Flasche. (d.)
3) Mütze für Barett. (p.)
4) Mit gleicher Münze zahlen. (port.)
   Mit der Münze, womit du bezahlst, bezahlt der Andere
   auch. (d.)
5) Wie er Andern thut, wird ihm gethan werden. (pers.)
   Wie ich's mache, so macht man's mir. (lett.)
   Ihr sollt's haben, wie Ihr's bringt. (engl.)
6) Wer giebt, lehrt wiedergeben. (v.)
7) Wenn du willst von Andern leihen, so leihe du selbst. (isl.)
   Wer Nichts giebt, empfängt Nichts. (v.)
8) Willst du Dinge, bringe Dinge, für Worte kommen Worte
   zurück. (lat.)

denn die Gesetze der Gegenseitigkeit lauten:

> Für Nichts hat man Nichts, (v.) ¹)

und:

> Wer Vergnügen macht, erwartet Vergnügen. (frz.)

Dann heißt es ernster, bringlicher, drohender:

> Thu' nichts Böses, so widerfährt dir nichts Böses. (b.)
>
> Schlage nicht an Eines Thür mit den Fingern, damit sie nicht an deine Thür mit der Faust schlagen. (pers.)
>
> Erbrich nicht die Thore eines fremden Harems, wenn du willst, daß die des deinigen unerbrochen bleiben; (tat.)

dagegen:

> Wenn du Dornen säest, kannst du nicht Jasmin schneiden. (pers.) ²)
>
> Wer Funken säet, der erntet Flammen. (Hrz.)
>
> Wer Unheil säet, der erntet Unglück. (v.) ³)
>
> Wer das Schlechte säet, der erntet die Reue. (al. ar.)
>
> Wer Hirse säet, wird Hirse ernten, wer Böses säet, wird Böses ernten. (ta.)
>
> In dem Topfe, worin sie gekocht haben, werden sie selbst gekocht. (Hbr.)
>
> Wenn du Gift legst, so berührt etwas deinen Mund. (afr.) ⁴)

    Geschenk für Geschenk, Worte für Worte. (cz.)
    Ding für Ding, Rede für Rede. (cz.)
    Wer Vortheil haben will, muß Vortheil bringen. (b.)
    Wer Dienste will, muß welche erweisen. (v.)
1) Nichts für Nichts. (frz.)
    Etwas für Etwas, Nichts für Nichts. (cz.)
    Niemand giebt Nichts für Nichts. (piem.)
    Eins um's Andere, Nichts umsonst. (b.)
    Sache für Sache, umsonst Nichts. (p.)
2) Nicht gehe barfuß, wer Dornen säet. (v.)
    Wenn du den Esel stichst, so nimm auch seine Hufschläge hin. (alb.)
3) Böses empfängt, wer Böses giebt. (lat.)
4) Jemand ein Breichen von seinem eignen Teige kochen. (h.)

Nachts würgt die Eule die jungen Krähen, und Tags hacken die alten Krähen der Eule die Augen aus. (r.)¹)

Wer mit dem Schwerte ficht, wird mit der Scheibe geschlagen. (perf.)

Wer mit dem Schwerte tödtet, kommt durch das Schwert um. (lat.)²)

Genug:

Womit man sündigt, damit wird man gestraft. (b.)³)

Das war nachdrücklicher, sogar finsterer Ernst, jetzt folgt der lustige, herausfordernde Humor, mit welchem der Praktikus den Deutschen sagen läßt:

Wie du mir,
So ich dir;

Brätst du mir eine Wurst,
So lösch' ich dir den Durst;

Wasch' mir den Bart, so wasch' ich dir die Hand;

Achtest du mein,
So acht' ich dein,⁴)

und:

Weichst du mir,
So weich' ich dir.

Aber:

Kommst du mir so, so komm' ich dir so;⁵)

Schlägst du mich mit der Barte, schlag' ich dich mit dem Beile,⁶)

---

1) Der Jäger droht den wilden Thieren, (dem Hirsch,) die wilden Thiere drohen (der Hirsch droht) dem Jäger. (neg. engl.)
2) Wer mit dem Schwerte schlägt, stirbt durch's Schwert. (ill.)
   Wer mit dem Messer tödtet, kommt durch das Messer um. (it.)
3) Wodurch Einer sündigt, dadurch wird er bestraft. (lat.)
4) Bist du mein, bin ich dein. (bb.)
5) Ich geb' dir's wieder, lieber Freund. (lat.)
   Betrügst du mich, betrüg' ich dich wieder. (plattd.)
   Wenn du mir Erbsen giebst, so geb' ich dir Bohnen. (frz.)
6) Leber um Leber (Ledder),
   Schlägst du mich, schlag' ich dich wieder, (wedder). (Hamburg.)
   Kratze mich, ich kratze dich. (engl.)

denn:

> Wer mich schießt, den schieß' ich wieder.

Ebenso scherzhaft klingt der alte Spruch:

> Wie man in den Wald schreit, so schallt es wieder heraus. (d.) ¹)
>
> Wie ich dem Walde, so der Wald mir. (esth.)
>
> Wie der Wind ruft, so antwortet die Welle. (r.)
>
> Wie die Glocke, so der Wiederhall. (frz.) ²)
>
> Wie die Frage, so die Antwort. (d., cz. u. r.) ³)
>
> Wie das Willkommen, so das Fahrewohl. (engl.)
>
> Wie das: Gott helf'! so das: Gott vergelt's. (cz., klr. u. olf.) ⁴)
>
> Wie du grüßest, so dankt man dir. (d.) ⁵)
>
> Wie du den Ton anstimmst, so werden sie dir singen. (ngr.) ⁶)
>
> Wie du Einem zutrinkst, so wird er auch dir zutrinken. (f.) ⁷)

---

1) Wie man in's Holz ruft, so schallt es wieder heraus. (plattd.)
   Wie man in den Wald ruft, so hallt es wieder. (r.)
   Wie man ruft in den Wald, bekommt man Antwort. (bä.)
   Wer gut in's Holz ruft, kriegt eine gute Antwort. (hlst.)
   Wie man in's Loch hineinschreit, so ruft's wieder heraus. (d.)
2) So wie es fällt, bullert es auch. (plattd.)
3) Wie man frägt, so wird geantwortet. (kro.)
   Wie du die Frage thust, wirst du die Antwort erhalten. (frz.)
   Solche Antwort, wie ein Mann giebt, solche bekommt er. (scho.)
   Der Mönch antwortet, wie der Abt singt. (frz.)
4) Wer auf eine angenehme Art nies't, zu dem sagt Jeder: Gott helf'! (bä.)
5) Wie der Gruß, so die Entgegnung, (f. u. cz.) (d.: so der Gegengruß).
   Guter Gruß, gute Antwort, oder: guter Dank. (d.)
   Auf gute Anrede guter Bescheid. (r.)
   Wie die Ehre, so der Dank. (p.)
   Wie man mich aufnimmt, so dank' ich. (olf.)
   Wie du mir borgst, so bezahl' ich dir. (cz.)
6) Gevatter über'n Zaun, Gevatter wieder herüber. (d.)
7) Eine Höflichkeit folgt der andern. (cz.)
   Wer schöne Worte vorbringt, hört schöne Worte. (ar.)

Darum:
  Thut, wie Ihr möchtet, daß Euch gethan werde, (engl.)
b. h.:
  Wer da will, daß gut von ihm geredet werde, hüte sich, schlecht von Andern zu sprechen; (it.) ¹)
  Ihr sollt's so gut kriegen, wie Ihr's bringt; (engl.) ²)
  Wer nicht ehrt, wird nicht geehrt; (b.)
  Wer da sagt, was er nicht sollte, muß hören, was er nicht möchte; (scho.) ³)
  Wie man auf den Stein schlägt, so springen die Funken, (lett.) ⁴)
und:
  Wie der Esel an die Wand schlägt, so kriegt er's wieder. (it.) ⁵)
Denn meint gleich der Sardinier:
  Giebst du dem Esel die Stöße zurück, thut dir's weher als ihm,
so überwiegt im Allgemeinen doch die Ansicht:
  Auf einen groben Klotz gehört ein grober Keil. (b.) ⁶)
  Auf einen starken Ast gehört ein starker Hieb. (lit.)
  Zu grobem Holz gehört ein grober Nagel. (cz.) ⁷)

---

1) Will Einer, daß man gut von ihm rede, so spreche er nicht schlecht von Andern. (frz.)
2) Wer droht, wird's wieder kriegen. (lett.)
3) Wer Jedem sagt, was Er will, muß auch von Jedem hören, was Der will. (h.)
4) Auf spitzige Frage spitzige Antwort. (b.)
   Auf eine spitze Frage eine runde Antwort. (cz. u. r.)
   Für grobe (frz.: alberne) Worte, taube Ohren. (it.)
5) Wer mit Erdklößen wirft, bekommt Steine zurück. (pers.)
6) Auf einen harten Ast gehört ein derber Keil. (b.)
   Auf einen harten Block ein harter Keil. (cz.)
   Für einen harten Ast ist ein harter Keil zu suchen. (lat.)
   Bösem Aste scharfe Axt. (b.)
   Auf einen starken Ast gehört eine scharfe Axt. (r.)
   Auf einen harten Strauch eine scharfe Axt. (ba.)
7) Wie das Holz, so der Nagel. (cz.)

Zu Wolfsfleisch gehört ein Hundezahn. (b., frz., sp.)¹)
Zu einem bösen Hunde gehört ein Knüppel. (b.)²)
Auf schlimme Wunde scharfes Kraut. (it.)³)
Auf eine Lüge gehört eine Maulschelle. (b.)⁴)
Auf eine Maulschelle gehört ein Dolch. (b.)

Ueberhaupt ist es der Grundsatz des Praktikus:

Wie das Maul, so der Salat, (b.)⁵)

denn, frägt er:

Was nützt der Kuh Muskate? (b.)⁶)

und setzt spöttisch hinzu:

Sie frißt wohl Haferstroh.

Mit der Vorliebe des Sprichworts für den Bauern frägt der Praktikus weiter:

Was weiß der Bauer vom Gurkensalat? — er ißt ihn mit der Mistgabel. (b.)
Was versteht ein Bauer vom Safran? (b.)
Was nützt dem Bauer die Uhr, wenn er sie nicht aufzuziehen versteht? (oschl.)

Wie die Wange, so der Schlag. (ngr.)
Wie der Mund, so der Klaps. (hb.)
1) Für Wolfsfleisch Hundelunge. (it.)
Zu Wolfsfleisch Hundezahn. (port.)
2) Bösem Hunde kurze Kette. (frz.)
Esel störrisch, Stock hart. (v.)
3) Gefährliche Wunden erheischen gefährliche Kuren. (engl.)
4) Auf eine große Lüge gehört eine große Ohrfeige. (b.)
5) Wie die Lippen, so der Lattich. (engl.)
Das ist der rechte Salat für das Maul. (b.)
Wie der Mund, so ist auch der Salat, sagte der Esel, als er Disteln fraß. (plattd.)
6) Was versteht die Kuh von der Muskatenblüte? (cz.)
Was weiß eine Kuh vom Safranessen? (it.)
Was weiß die Kuh vom Sonntag? (neg. engl.)
Was sollen der Kuh Perlen? (lett.)

Vom Bauern kommt der Praktikus wie gewöhnlich auf den Esel:

> Was versteht der Esel vom Preis des Brodzuckers und des Zuckerkands? (pers.) [1])
>
> Was soll der Honig in Esels Maule? (d.) [2])
>
> Was hat der Esel mit der Lyra zu thun? (frz.) [3])
>
> Was soll dem Esel der Psalter? (d.)

Auch:

> Der Sau gehören nicht Muskaten. (d.) [4])

und:

> Die Perlen sind nicht für die Eber gemacht. (it.)

denn:

> Perlen werden von hungrigen Schweinen schlecht geschätzt. (engl.) [5])

und:

> Sind auch Kleien da? fragte die Sau an der Tafel des Löwen. (d.) [6])

Aehnliche Bedeutung haben folgende, etwas weniger prosaische Fragen:

> Was soll dem Kahlkopf der goldne Kamm? (r.) [7])
>
> Was frommt das Boot dem, der nicht rudern kann? (fin.)
>
> Was weiß der Blinde von der Schönheit der Tulpe? (hb.)
>
> Was soll der Thau den Papierblumen? (pers.)

---

1) Was weiß ein Esel vom Safran? (pers.)
2) 's ist nicht für den Esel, Honig zu lecken. (engl.)
3) Was soll dem Esel die Leier (der Dohle die Harfe)? (d.)
   Was thut der Esel mit der Sackpfeife? (d.)
   Was soll dem Narren Witz (Geld)? (d.)
4) Die Muskatnüsse den Ebern geben. (v.)
5) Ich gäb' eine Perle für ein Gerstenkorn, sagte der Hahn. (d.)
6) Wenn das Ferkel träumt, so ist's von Trebern. (d.)
7) Was soll der nackten Fürstin der Schleppenträger? (r.)

Wer wird den Sack mit Seide nähen? (d.)¹).

Dergleichen thun, heißt:

Unter Blinden einen Spiegel in die Höhe halten; (perſ.)

Den Wein den Fröschen geben; (d.)

Das Zuckerwerk den Hühnern (Schweinen) hinwerfen, (d.)

oder:

Es ist Rosen vor die Ferkel gestreut; (h.)

es ist auch:

Eine Orange in der Hand eines Affen, (perſ.)

oder:

Ein Weingarten für die Krähen. (hd.)

Der Praktikus sagt aber:

Man muß nicht Perlen vor die Säue werfen, (d.) (frz.: vor die Schweine).

Die Gerste ist nicht für den Esel gemacht. (it.)²)

Dem Esel das Haferstroh, dem Pferde den Hafer. (d.)

Rüben in die Bauern, Heu in die Ochsen. (d.)³)

Auch sonst redet der Praktikus dem Angemessenen das Wort:

Wie der Hirt, so die Heerde.
(d.)⁴)

Wie Stall, so Vieh. (d.)⁵)

---

1) Grobe Säcke näht man nicht mit Seide. (d.)
2) Der Esel hat lieber Stroh, denn Gold. (d.)
   Ein Esel frißt keine Feigen. Warum? (d.)
3) Den Bauern gehört Haferstroh. (d.)
   Rüben für solchen Mund. (hd.)
4) Wie der Hirt, so das Schaf. (mag.)
   Durch die Güte des Hirten wird die Heerde gut. (äth.)
   Irrender Hirt, irrende Schafe. (d.)
5) So Stall, so Vieh,
   So Leut', so Küh'! (Mrk.)

Gute Savanne, guter Ochse. (neg. frz.)

Wie der Gärtner, so der Garten. (hbr.) ¹)

Wie der Bienenstock, so die Bienen. (ill.)

Wie das Dach, so der Eiszapfen, oder: so der Tropfen. (lit.)

Wie das Faß, so der Wein. (ba.)

Saure Traube, herber Wein. (ja.) ²)

Wie das Korn ist, so giebt es Mehl. (d.) ³)

Wie die Fische, so die Suppe. (klr.) ⁴)

Wie das Garn, so das Tuch. (d.) ⁵)

Alle Waare ist nach dem Gelde. (h.) ⁶)

Ein gutes Feuer macht einen (seiner) würdigen Koch. (h.) ⁷)

Fleißiger Hausvater macht gutes Gesinde. (d.) ⁸)

Der gute Herr macht den guten Diener. (frz.)

Wie der Herr ist, so ist sein Diener. (dä.) ⁹)

Wie der Herr, so der Kram. (p. u. klr.)

Wie der Herrscher, so das Volk. (d.) ¹⁰)

Guter Hauptmann, guter Soldat. (frz.)

---

1) So viel der Herr werth ist, so viel ist sein Gut werth. (frz.)
Nach den Netzen kann man den Fischer beurtheilen. (r.)
Wie der Zimmermann, so die Späne. (engl.)
2) Wo die Blätter bitter sind, ist der Essig scharf, (den man daraus bereitet). (hbr.)
3) Wie der Boden, so das Brod. (r.)
Der Käse verräth die Milch. (lapp.)
Aus schlechtem Gras macht man kein gutes Heu. (it.)
4) So ist das Brod, so ist die Suppe. (frz.)
5) Schlechtes Leder, schlechte Schuhe. (d.)
6) Kupfern Geld, kupferne Seelenmesse. (h.)
7) Gutes Feuer, guter Koch. (d.)
8) Am Gesinde erkennt man den Herrn. (d.)
9) Wie der Herr, so der Knecht. (d., frz., sp. u. engl.)
Wie die Herren, so die Dienstboten. (kro. u. fr.)
10) Wie der Regierer, so sind die Völker. (it.)
Nach dem Beispiel des Königs richtet sich der ganze Erdkreis. (it.)

Wie der Wirth ist, so schickt ihm Gott die Gäste. (d.)¹)

Wie der Lehrer, so der Schüler. (frz.)

Wie der Abt, so die Mönche. (it.)²)

Wie der Heilige, so der Feiertag, (d.) — so das Opfer, (engl.) — so das Wunder. (frz.)³)

Wie Einer ist, so ist sein Gott. (d.)

Desgleichen ist:

Wie das Werk, so der Lohn, (d.)⁴)

d. h.:

Wie man's treibt, so geht's. (d.)

Wer den Acker pflegt, den pflegt der Acker. (d.)⁵)

Wie man den Acker bestellt, so trägt er. (it. u. frz.)⁶)

Wie gesäet, so geschnitten. (d.)⁷)

Wie man säet, so erntet man. (mag.)⁸)

---

1) Wie der Wirth, so giebt Gott die Gäste. (plattd.)
   Ein seidner Gast ist eines sammtnen Wirthes werth. (r.)
2) Wie der Priester, so die Leute. (engl.)
3) Je nach den Leuten der Weihrauch. (frz.)
4) Wie die Arbeit, (dä. u. esth.) ⎫
   Wie der Dienst, (cz.)   ⎬ so der Lohn.
        Wie das Gespinnst,
        So das Verdienst. (d.)
5) Du säest dir, du schneidest dir. (lat.)
   Du pflügst dir, du säest dir, du eggest dir, du wirst dir auch schneiden. (f.)
6) Ungebauter Acker trägt selten Korn, (d.) (lat.: kann sich des Unkrauts nicht erwehren).
   Auf dem brachliegenden Felde wächst kein Getreide. (Frz.)
   Wer seinen Acker nicht baut, dem wächst Unkraut. (d.)
   Vexire das Feld ein Mal, das Feld vexirt dich neun Mal. (esth.)
7) Wie du säest, so wird es auch aufsprießen. (bulg.)
   Wie Einer säet, so wird er auch schneiden. (f.)
   Säe dünn und mähe dünn. (scho.)
   Wie du aussäest, so wirst du schneiden. (p., r. u. kr.)
   Wie die Saat, so der Schnitt. (kro.)
8) Wer seinen Acker mit Fleiß baut, soll Brods genug haben. (d.)

Weiter heißt es:

Was du säest, wirst du ernten. (pers.) ¹)

Von ausgesäeten Kornrosen könnt Ihr keinen Weizen ernten. (engl.) ²)

Wer die Beeren in den Wind säet, der mag aus dem Nebel Wein keltern. (r.)

Wer im Sommer nicht erntet, der muß im Winter darben. (Hrz.) ³)

Wer im Winter keine Reusen flicht, kann im Sommer keinen Fischfang halten. (r.)

> Wer gut futtert,
> Der gut buttert. (Hrz.) ⁴)

Was du aufschüttest, das mahlst du auch. (lj.) ⁵)

Wie du mahlst, so wirst du essen. (ngr.)

Was du dir gekocht, das wirst du essen (cz.) ⁶)

Wie Ihr gebraut habt, so müßt Ihr trinken. (engl.) ⁷)

Wer ihn gut kauft, trinkt ihn gut (den Wein). (frz.)

Wie man sich bettet, so liegt man. (b.) ⁸)

Wie die Saat, so die Ernte. (r.)
Wie man aussäet, so scheuert man ein. (b.)
Wie du den Samen säest, so wirst du auch das Korn worfeln. (f.)

1) Was du dir aussäest, das wirst du schneiden. (cz. u. oschl.)
Was du säest, wirst du auch schneiden. (r.)
Was du säest, mußt du mähen, (engl.) (b.: ernten).
2) Ich säete Akazien, woher soll ich Rosinen essen? (hb.)
3) Leute, welche die Ruhe lieben zur Zeit der Aussaat, werden hungern zur Zeit der Ernte und vor Mangel sterben. (äth.)
4) Man muß was hineinstecken, soll man was herausholen. (h.)
Wie man den Ofen heizt, so wärmt er. (r.)
5) Wie du auf die Mühle aufschüttest, so wird gemahlen. (olj.)
Die Mühle mahlt, wie du aufschüttest. (kro.)
6) Wie man die Grütze kocht, so muß man sie essen. (lett.)
7) Wie ich braue, muß ich trinken. (engl.)
Laßt ihn trinken, wie er gebraut hat. (scho.)
Trink' das Bier, wie du dir's gebraut. (p.)
8) Wie man sein Bett macht, so liegt man. (b.)

Wer sich gut bettet, schläft auch gut. (b.) ¹)

Wer sein Bett schlecht macht, muß b'rauf liegen, (engl.) (sp.: liegt darin).

Wer gut sattelt, reitet gut. (b.) ²)

Die gut spinnt, hat ein reines Hembe. (h.) ³)

Ist der Flachs schlecht, ist es schlimm für die Spinnerin, denn:

Hat sie den Rocken angelegt, mag sie ihn abspinnen. (h.)

In Westphalen sagt man:

Den Dysen (d. h. die Wolle oder den Flachs, der auf ein Mal an den Rocken kommt), den du gemacht hast, mußt du abspinnen;

im Harz:

Wer die Suppe eingebrockt, muß sie auch ausessen. ⁴)

Das will sagen:

Wer den Fehler macht, büßt ihn. (frz.) ⁵)

Wie du dich betten wirst, so wirst du liegen. (tr.)
Wie Jemand sich bettet, so liegt er (so schläft er). (cz.)
Wie gebettet, so geschlafen. (b.)
Wie du dich bettest, so schläfst du. (p., r. u. klr.)
Wie er sich gebettet hat, so wird er schlafen. (kro.)
1) Wer wohl liegen will, der bette sich wohl. (b.)
2) Wer schlecht schifft, kommt schlecht an. (it.)
3) Wie du gesponnen hast, wirst du auch weben. (bulg.)
   Wie du das Gespinnst spinnst, so wirst du es auch weben. (cz.)
   Es tuchet sich, wie man spinnt. (b.)
4) Wie man's einbrockt, muß man's essen. (b.)
   Wie du dir einbrockst, so wirst du auch essen. (f.)
   Was du dir einbrockst, das wirst du auch ausessen. (olf.)
   Was Einer einbrockt, das muß er ausessen. (lat.)
   Was Einer sich einbrockt, das laß ihn auch ausessen. (nlf.)
   Wer den Brei gekocht hat, bläst ihn, oder: der esse ihn. (b.)
   Iß, was du dir gekocht. (cz.)
   Wie du dir's gesalzen, so iß es auch. (bulg.)
5) Machst du's gut,
   Hast du's gut,

Wenn Einer auskehrt, trägt nicht ein Anderer (den Auskehricht) hinaus. (afr.) ¹)

Der Stecken, welcher im Feuer ist, dessen Spitze wird verbrannt. (E.)

Freundchen hat gesucht, Freundchen hat gefunden, Freundchen hat's getragen. (neg. engl.)

Wer schlimm anfängt, endigt schlimmer. (v.) ²)

Wer im Galopp lebt, der fährt im Trabe zum Teufel, (Hrz.)

oder:

Wie man lebt, so stirbt man. (bä.) ³)

Wer nicht im Trabe zum Teufel fährt, sondern sein ordentlich Schritt, auf der geraden Straße der Bürgertugend geht, der wird demgemäß behandelt und belohnt:

Darnach der Mann gerathen,
Wird ihm die Wurst gebraten. (b.) ⁴)

Jeder Mann wird beachtet, je nachdem er es verdient. (engl.)

Guter Mann ist guter Seide werth. (b.)

Leider indessen heißt es oft blos:

Wie der Mann gekleidet ist, so brät man ihm die Wurst, (b.)

und:

Wie das Kleid, so der Empfang. (ilr.) ⁵)

Machst du's schlecht,
Geschieht dir's recht. (b.)
Jeder schabt sich die Rübe. (p.)
1) Wenn Akosua einen bösen Streich macht, büßt nicht Akua dafür. (afr.)
2) Ein schlimmes Leben, ein schlimmes Ende. (scho.)
3) Wie ein Mensch lebt, so wird er sterben,
Wie ein Baum fällt, so wird er liegen. (engl.)
4) Darnach der Mann ist, brät man ihm den Häring. (b.)
Wenn du gut tanzest, wirst du Kuhkopf essen. (neg. engl.)
5) Den Mann empfängt man nach dem Kleide und begleitet ihn nach dem Verstande. (r.)

denn:
>**Kleider machen Leute.** (b.)¹)

Das Kleid macht den Mann. (v. u. b.)²)

Kleid ist Mensch. (E.)

Die Kleider machen Ehre. (it.)³)

>Kleid' einen Pfahl,
>Er scheint ein Kardinal. (v.)

>Kleid' eine Säule,
>Sie scheint ein Fräule. (t.)⁴)

Kleid' einen Baum, er scheint ein Christ. (v.)⁵)

Schöne Federn machen schöne Vögel. (engl.)⁶)

Die Schale macht die Kastanie schön. (v.)⁷)

Wer sein Haus verkaufen will, streicht den Giebel an. (h.)⁸)

Sehr natürlich:

Was nicht scheint, gilt nicht. (b.)

Dem durchlöcherten Kleide wird wenig Glauben geschenkt. (it.)⁹)

Unrein gefaßte Perle leuchtet nicht. (b.)¹⁰)

Und doch weiß der Praktikus ganz ebenso gut, wie der

---

1) Kleider machen einen Mann. (b.)
2) Das Kleid macht den Mann,
  Wer es hat, der zieh' es an. (b.)
3) Ehrt eure Kleider, sie ehren euch wieder. (b.)
  Vor schönen Kleidern zieht man den Hut ab. (b.)
4) Eine Säule kleide an,
  Schöne Dame scheint sie dann. (v.)
  Kleid' ein Reisigbündel, es scheint eine Königin. (v.)
5) Auch ein Besen kann angezogen gut aussehen. (v.)
6) Das schöne Gefieder macht den schönen Vogel. (frz.)
  Das Ansehen ist in den Federn. (b.)
7) Von der Rinde auf's Holz schließen. (frz.)
8) Das beste Brod legt man auf's Fenster. (h.)
9) Arme Kleider, verachtete Leute. (b.)
10) Perlen im Koth geben keinen Schein. (b.)

Philosoph, daß „der Schein trügt," denn sonst würde er nicht sagen:

Kappen machen keine Mönche. (b.) ¹)

Die Toga macht den Doktor nicht. (it.)

Der Bart macht den Philosophen nicht. (lat. u. it.) ²)

Das Kleid bedeckt große Fehler. (it.) ³)

Oft verbirgt sich unter einem schönen Handschuh eine häßliche Hand. (frz. u. it.)

Oft ist eines Wolfes Herz bedeckt mit Schaffellen. (b.) ⁴)

Oft trägt das Laster das Gewand der Tugend. (engl.) ⁵)

Wie vortrefflich der Praktikus die Scheinheiligkeit kennt, beweist seine Warnung:

Wenn der Fuchs predigt, so nehmt die Gänse in Acht.
(b. u. engl.) ⁶)

Guten Tag Alle, hat der Fuchs gesagt, da hat er in den Gänseloben geguckt. (plattd.)

Hintenheraus sind die besten Weiden, sagte der Fuchs, nicht für mich, aber für die guten Gänse. (h.) ⁷)

---

1) Die Kutte macht den Mönch nicht. (b.)
   Das Kleid macht den Mönch nicht. (lat., it., frz., sp. u. port.)
   Die Mauern machen das Kloster nicht. (b.)
2) Bart und Mantel machen keinen Philosophen. (b.)
3) Kappe, Kleid und Kalk (Wand, Mauer)
   Decken manchen Schalk. (b.)
4) Mancher ist dem Ansehen nach Lamm, der im Innern Wolf ist. (it.)
5) Engelchenworte und Teufelchenkrallen. (v.)
6) Wenn der Fuchs die Passion predigt, Bauern, hütet eure Gänse! (h.)
   Der Fuchs predigt den Gänsen. (frz.)
7) Es ist nicht um meinetwillen, sagte der Wolf, nur für meine arme Mutter. (h.)
   Die Ratte sagt: Schlaf ist kein Reichthum, ich gehe Nachts auf den Diebstahl aus — es ist nicht für mich, daß ich stehle, sondern meine Kinder schicken mich. (neg. engl.)

Wenn der Fuchs Gänse fangen will, wedelt er mit dem Schwanze. (d.) ¹)

Es ist ein schlimmes Zeichen, wenn man den Fuchs ein Lamm lecken sieht. (engl.)

Wölfe rathen den Schafen nicht, was ihnen zuträglich ist. (engl.)

Der Wolf beweint das Schaf, und dann frißt er's auf. (v.) ²)

Mit noch schärferem Spott sagt der Praktikus:

Die Glocke ruft zur Kirche, geht aber selbst nicht hinein,
(d., g. ä. engl.) ³)

oder:

Vollbauch hält gern Fastenpredigten. (r.)

und räth:

Mach' es wie's der Mönch sagt, nicht wie er's macht. (sp.) ⁴)

denn:

Der Frater predigte, man sollte nicht stehlen, und hatte die Gans im Aermel. (it.) ⁵)

Der arme Frater — vermuthlich war er der Gelegenheit zum Opfer gefallen, die Thür zum Gänsestall hatte wahrscheinlich offen gestanden, und:

Gelegenheit macht Diebe. (d. u. dä.) ⁶)

---

1) Der Fuchs verbirgt seinen Schwanz. (frz.)
2) Der Rabe beweint das Schaf und frißt es dann. (it.)
3) Die Glocke läutet und geht nicht in die Kirche. (klr.)
   Bildstock weist Andern den Weg und geht ihn selbst nicht. (d.)
   Andere purrt er auf, selber schläft er. (lett.)
   Er macht es wie der Bäcker: der steckt's Brod in den Ofen und bleibt selber draußen. (d.)
4) Thue das Gute, das ich rede, nicht aber das Böse, das ich thue. (sp.)
   Sieh' nicht auf das, was ich thue, aber höre auf das, was ich sage. (ngr.)
5) Der Frater predigte gegen das Stehlen, während er einen Pudding im Aermel hatte. (engl.)
6) Die Gelegenheit macht den Dieb. (frz. u. port.) (m.: den Dieb kenntlich).

Freilich sagt der Bergamasker:

Der Teufel kann versuchen, aber nicht hinwerfen,

nur, leider, folgt der Fall meistens der Versuchung, denn:

Offene Thür verführt einen Heiligen. (b. u. sp.) ¹)

In offenem Hause sündigt der Gerechte, (sp.) ²)

und:

Das Loch ruft den Dieb herbei. (hbr.)

Folglich heißt es logisch:

Nicht die Maus, sondern das Loch ist der Dieb, (hbr.)

und eigentlich ist Derjenige am schuldigsten, welcher das Loch offen ließ. Warum that er das? Er konnte sich doch denken, daß eine unglückliche Maus in Versuchung geführt werden würde:

Wenn der Verkäufer nicht verkaufte, könnte der Käufer nicht kaufen. (neg. engl.)

Wenn man keine Thür offen läßt, kann man nicht bestohlen werden, wenigstens nicht mit „Bequemlichkeit;" — wenn man kein Vertrauen schenkt, kann es nicht gemißbraucht werden, darum glaube man dem alten, weisen Praktikus, und sage gleich ihm:

Trau, schau, wem. (b.) ³)

Gelegenheit macht den Dieb, (lat., kro. u. cz.) (engl.: einen Dieb).
Die Bequemlichkeit macht den Menschen zum Diebe. (it.)
Statt und Stunde lassen den Dieb stehlen. (b.)
1) Offene Thüren machen heimliche Diebe. (r.)
Zu offenen Thüren kommen Hunde herein. (scho.)
2) Am offenen Kasten sündigt der Gerechte. (it.)
3) Vertraut den Leuten, aber seht wohl zu, wem. (h.)
Trau, doch sieh, wem. (lat.)
Glaube, aber sieh zu, wem, (olf.) (nlf.: wem du glaubst).
Traue, aber nicht zu viel. (b.)

Das Mißtrauen ist die Mutter der Sicherheit. (frz.) ¹)

Im Trauen ist Täuschung. (engl.) ²)

Aus Trauen wird leicht Trauern. (b.) ³)

> Wer zu viel vertraut,
> Klagt oft laut. (it.) ⁴)

Wasser schöpft in der Getreideschwinge, wer leicht hin glaubt. (port.) ⁵)

Man kennt Niemand recht, um ihm zu trauen, oder man muß einen Scheffel Salz mit ihm gegessen haben. (h.) ⁶)

Natürlich:

Kein Mund bekennt seine Schuld; (sa.)

Nicht vor Jedermanns Thür steht eine Warnungstafel, (h.)

und so hört man also, leider, häufig rufen:

Trauwohl reitet mit dem Pferde weg! (b.) ⁷)

Genug:

---

1) Trau' nicht, ist gut vor Betrug. (b.)
   Traue Niemand, so verräth dich Niemand. (g.)
2) Unbekannten Leuten zu trauen,
   Zwingt dich, hinter dem Ohr zu krauen. (b.)
3) Traust du unversucht,
   Ist die Reu' die Frucht. (engl.)
4) Elend der, welcher den Menschen vertraut. (sa.)
5) Wer leicht glaubt, schöpft Wasser im Korbe. (port.)
   Wer leicht glaubt, ist leicht zu betrügen. (lat.)
   Wer rasch glaubt, wird rasch betrogen. (h.)
6) Um einen Menschen recht zu kennen, muß man einen Scheffel Salz mit ihm gegessen haben. (frz.; g. ä. p.)
   Ein Mensch muß mit dem andern einen Scheffel Salz gegessen haben, eh' er ihn zu seinem Freunde nimmt. (engl.)
   Traue Keinem, ehe du einen Scheffel Salz mit ihm gegessen. (b.; g. ä. cz.)
   Ein Mensch kann den Menschen nicht kennen, bis er mit ihm einen Sack Mehl aufgegessen. (f.)
7) Trauwohl führt die Kuh aus dem Stalle. (b.)
   Fromm hat eine Kuh gestohlen, Treu ritt mit dem Pferde weg. (h.)

Trauen ist gut, aber nicht trauen ist besser, (v.)

und:

Von den sichersten Dingen ist Zweifeln das sicherste. (sp.)

Daher:

Traue Allen und hüte dich vor Allen. (ba.) [1])

Thue Recht und zweifle an keinem Menschen, und thue Recht und zweifle an allen Menschen. (scho.)

Halte Jeden für einen Engel und schließe die Sachen vor ihm wie vor einem Diebe. (d.) [2])

Zeige nie den Grund deiner Börse, noch deines Herzens. (it.) [3])

Der Türke sagt sogar:

Verstelle dich gegen deinen Freund und verschweige seinen Namen deinem Feinde. [4])

An speciellen Warnungen finden wir:

Traue keinem Judaskusse,
Fremdem Hund und Pferdefuße. (d.) [5])

Traue keines Pferdes Fuß und keines Hundes Zahn. (engl.) [6])

Fürchte das Wildschwein von vorne, den Esel von hinten und den Frömmler von allen Seiten. (pers.)

Traue nicht lachenden Wirthen und weinenden Bettlern. (d.)

---

1) Allen glauben, Keinem trauen. (v.)
2) Alles Ehrenmänner, aber nicht trauen. (v.)
3) Nicht jedem Gefährten offenbare das Geheimniß des Herzens. (lat.)
   Nicht Jedem glaube, verschließe fest die Thür. (r.)
4) Wenigen sich anbieten, dem Freunde halb, Niemand ganz sich aufschließen. (it.)
   Traue Niemand außer Gott und dir ein Bischen, (g.)
   denn:
   In Niemand ist Wahrheit, außer in Gott und in mir ein Bischen. (g.)
5) Dem fremden Hunde, dem fremden Pferde und der fremden Frau traue nicht. (p.)
6) Dem Fuße des Pferdes, der geflüsterten Erzählung und der Schmeichelei des Kaufmannes traue nicht. (p.)

Traue keinem Bauer (villão), trinke kein Sumpfwasser. (port.)

Ueberhaupt:

Dem schlafenden Waſſer traue Niemand, (frz.) [1]

denn:

Stille Waſſer ſind tief. (d.) [2]

Stilles Waſſer wäſcht die Ufer aus. (ſlov.) [3]

Stilles Waſſer ſchwemmt die Brücken weg. (lett. u. v.)

Das ſtille Waſſer erſäuft. (ngr.) [4]

Kein ſchlimmer Waſſer, als das, welches ſchläft. (frz.) [5]

Hüte dich vor ſtummem Hunde und ſchweigendem Waſſer. (lat.) [6]

---

1) Dem schlafenden Waſſer traue nicht. (frz.)
Vor dem ruhigen Waſſer muß man ſich hüten. (it.)
Hüte dich vor dem Waſſer der Ciſternen. (chin.)
Stiller Fluß, hüte dich. (ſa.)
2) Stille Waſſer ſind betrüglich, oder: gründen tief, (d.) (engl.: haben tieſe Gründe).
Das ſtille Waſſer hat den tiefſten Grund. (irſ.)
Wo das Waſſer am ſtillſten iſt, da iſt der Grund am tiefſten. (it.)
3) Stille Waſſer ſind oft den Ufern gefährlich. (oſchl.)
Stille Wäſſer,
Grundfreſſer. (Eif.)
Langſames Waſſer ſpült die Ufer aus. (mag.)
Stiller Fluß verwüſtet am meiſten. (ſa.)
4) In ein ſtilles Waſſer mag man nur bis an's Knie ſteigen. (lett.)
5) Es giebt kein ſchlimmeres Waſſer, als das todte Waſſer. (v.)
Es giebt kein Waſſer gefährlicher, als das, welches nicht tönt. (port.)
Wo der Fluß am tiefſten iſt, da iſt er am ſtillſten. (d.)
Wo am tiefſten der Fluß, macht er am wenigſten Geräuſch. (ſp.)
6) Stumme Hunde und ſtille Waſſer ſind gefährlich. (d.)
Schweigender Hund beißt am erſten. (d.)
Schleichende Hunde haben den Speck zu allererſt. (h.)
Schleichende Katzen holen das Fleiſch aus dem Topfe. (h.)
Eine ſtille Sau gräbt tiefe Wurzeln. (lett.; g. ä. lit.)
Die ſtille Sau ſäuft den ganzen Trank. (engl.)

Hüte dich vor dem Manne, der nicht spricht, und vor dem Hunde, der nicht bellt. (it.) ¹)

Hüte dich vor dem Schleicher, der Rauscher thut dir Nichts. (d.) ²)

Hüte dich vor der versteckten Kohle, denn sie brennt dir die Hand. (alb.) ³)

Nur die Chinesen sagen in gutem Sinne:

Tiefes Wasser fließet still, Ehrenmänner sprechen sanft,

und im Deutschen finden wir:

Geschwätziger Feind ist schlimmer, als der da schweigt,

ein Spruch, dem wir indessen nicht beipflichten können, wenigstens da nicht, wo es sich (antiproudhonistisch zu reden), um die Feinde des Eigenthums, die Diebe, handelt, indem es mit Recht heißt:

Wenn zwei Diebe einander schelten, so kriegt ein ehrlicher Mann seine Kuh wieder. (d.) ⁴)

Bei den Dienstboten liefert ein Streit häufig ein gleiches Ergebniß:

---

1) Stillem Wasser und schweigenden Leuten ist nicht zu trauen. (d.)
Gott behüte mich vor Einem, der wenig Worte macht. (it.)
Stiller Mann, schlimmer Mann. (neg. engl.)
2) Vor den stillen Wassern hüte mich Gott, vor den laufenden werd' ich mich schon hüten. (it.)
Nicht die Schreier zerstören die Plantagen. (neg. engl.)
3) Die versteckten Kohlen sind's, die versengen. (d.)
Versteckte Glut durchlöchert die Schürze. (v.)
Die stillen (stumpfen) Feilen arbeiten am besten. (d.)
4) Wenn sich Schelme und Diebe schelten, so kriegt ein ehrlicher Mann sein Gut wieder. (plattd.)
Wenn sich die Diebe zanken, bekommen ehrliche Leute das Ihrige. (Hrz. u. pers.)
Wenn Schelme sich zanken, kommen ehrliche Leute zu ihrem Eigenthum. (engl.)
Wenn Schelme und Diebe uneins werden, dann wird der ehrliche Mann gewahr, wo seine Sachen geblieben sind. (Mrl.)

Wenn Koch und Kellermeister miteinander zanken, hört man, wo die Butter geblieben ist. (h.) ¹)

Die Knechte des Hirten zanken sich, und dadurch entdeckt man die, welche den Käse gestohlen haben. (bä.)

Auch Fremden erwächst oft Vortheil durch einen — Austausch von Höflichkeiten zwischen „Gleich und Gleich:"

Der Krieg zwischen Eulen und Raben gereicht dem Landmann zum Vortheil. (r.)

Die Bettler raufen sich, der Speck wird uns zufallen. (lit.)

Wenn sich die Hirten zanken, hat der Wolf gewonnen Spiel. (Hrz.)

Endlich fallen bei einem Zank Wahrheiten ab:

Wer will wissen, was er sei,
Erzürne seiner Nachbarn zwei oder drei. (b.)

Wenn die Gevatterinnen sich schimpfen, werden die Geheimnisse offenbar. (sp.) ²)

und darin liegt allerdings ein ernster Nachtheil einer „geschwätzigen" Feindseligkeit. Man sagt nicht ohne Grund:

Wessen das Herz voll ist, geht der Mund über. (b.) ³)

Was das Herz denkt, spricht der Mund. (engl.) ⁴)

Was im Topfe ist, das kommt auch in die Schöpfkelle. (pers.) (hb.: auf die Schüssel).

---

1) Wenn Koch und Kellermeister Streit bekommen, dann kannst du hören, wo des Herrn Butter geblieben ist. (neg. engl.)
2) Die Schelme zanken sich, die Schelme verrathen sich. (frz.)
3) Wovon das Herz voll ist, läuft der Mund mit über. (bä.) (cz., p. u. kro.: davon ist der Mund voll).
Wessen das Herz voll ist, das kommt gern aus dem Munde. (kr.)
Aus der Fülle des Herzens redet der Mund. (lat., it. u. frz.)
4) Was auf dem Herzen, das auf der Zunge. (cz., p. u. s.)
Was im Herzen kocht, sprudelt im Mund. (cz.)
Was im Sinn, das auf der Zunge. (r.)

Wer etwas liebt, ist reich an dessen Erwähnen, (äg. ar.)¹) und wer Etwas haßt, ist ebenfalls reich in seinem Erwähnen, und da heißt es denn:

Ein Wort giebt das andere. (d.)²)

Reden macht Reden. (it.)
So manches Wort, so manche Antwort. (d.)
Eine Geschichte bringt die andere an's Licht. (neg. frz.)

Deshalb warnt der Praktikus in Bezug auf alten Groll, alte Nachrede, alte Geheimnisse sehr nachdrücklich:

Schlafende Hunde soll man nicht wecken. (d.)³)

Man muß schlafende Wölfe nicht wach machen. (h.)⁴)
Es ist nicht gut, einen schlafenden Löwen zu wecken. (engl.)⁵)
Man muß das schlafende Wasser nicht aufstören. (frz.)⁶)
Alte Wunden soll man nicht aufreißen. (d.)⁷)
Schlimm ist alte Feindschaft wecken. (isl.)

Am besten ist es allerdings, man hat keinen alten Groll

---

1) Wie's ihm im Herzen (ist), so (ist's) ihm auch im Munde. (bulg.)
   Was im Herzen, das im Munde. (p.)
2) Ein Wort zieht das andere nach sich. (v. u. frz.)
   Die Worte sind wie die Kirschen: eine zieht die andere nach sich. (parm.)
3) Es ist nicht gut, einen schlafenden Hund zu wecken. (engl.)
   Wecke nicht den Hund, der schläft. (it.)
   Reize den Hund nicht, der schlafen will. (lat.)
   Man muß den Hund anlegen, bevor man ihn reizt. (h.)
4) Die Katze wecken, welche schläft. (frz.)
   Nur wenn man die Katze schlafen läßt, ist man vor ihren Krallen sicher. (Pic.)
5) Wecke nicht den schlafenden Aufruhr. (pers.)
6) In ein Wespennest stechen. (engl.)
7) Wenn Leid schläft, weckt es nicht. (engl.)

als Verräther zu fürchten, und das wird der Fall sein, wenn man seine Geheimnisse sämmtlich und ausschließlich für sich behält:

> **Was du weißt allein,
> Das ist gänzlich dein;** (b.) ¹)

aber sobald du dein Geheimniß gesagt hast, so hat es einen zweiten Herrn, der mit ihm thut, wie du gethan, und:

Was Drei wissen, das wissen bald Dreißig. (sp.) ²)

Darum:

Ist's möglich, sage deine Geheimnisse deinen Freunden nicht, (pers.)

sondern denke daran:

Wer sein Geheimniß verbirgt, erreicht, was er begehrt. (ar.)

Zum Diener Anderer macht sich, wer sein Geheimniß dem sagt, der es nicht weiß. (it.) ³)

Das Geheimniß ist dein Gefangener, so lange du es nicht offenbarst; offenbart, bist du sein Gefangener. (b.) ⁴)

Sage deinem Freunde dein Geheimniß, und er hat den Fuß auf deinem Genick. (sp.)

Genug:

Man kann seinen Kopf hingeben, sein Geheimniß niemals; (tü.)

---

1) Was du allein wissen willst, das sage Niemand. (b.)
   Dein Hemd selbst wisse nicht deine Art. (frz.)
2) Was über zwei Herzen kommt, kommt aus. (b.)
   Geheimniß von Zweien, Gottes Geheimniß, Geheimniß von Dreien, Aller Geheimniß. (frz.)
   > Was kommt in Dreier Mund,
   > Wird aller Welt kund. (b.)
3) Der wird vom Herrn Diener, der seinem Diener ein Geheimniß entdeckt. (ba.)
4) Wem du dein Geheimniß sagst, dem überlieferst du deine Freiheit. (sp.)

Man muß das Feuer des Hauses mit der Asche des Hauses
bedecken, (da.)

und sich stets erinnern, selbst:

Ein Geheimniß hinter dem Busch gesagt, verfehlt nicht, öffent-
lich zu werden, (da.) ¹)

denn:

Hinter dem Busch ist oft ein Ohr, (da.)

und im Allgemeinen kann man nicht anders, als erkennen:

Felder haben Augen, Wälder haben Ohren. (b. u. engl.) ²)

Die Ebene hat Augen, der Strauch hat Ohren. (nlf.)

Der Strauch hat Ohren, das Feld hat Augen. (olf.)

Die Mauer hat Ohren und die Ebene hat Augen, (ngr.) (bulg.:
und der Zaun hat Augen).

Der Weg hat Ohren, die Mauer hat Ohren. (hbr.) ³)

Die Mauern sprechen, (v.)

und:

Der Verräther schläft nicht. (b.) ⁴)

---

1) Sprich nicht von geheimen Dingen in einem Feld voll klei-
ner Hügel. (hbr.)
2) Das Feld hat Augen, der Wald hat Ohren, (b.) (cz.: hüte
dich überall, wie es sich gehört).
Die Felder können weit sehen, und der Wald kann weit hö-
ren. (lit.)
Wälder haben Ohren und Felder Augen. (frz.)
Büsche haben Ohren und Felder haben Augen. (b.)
Das Feld (der Wald) hat Ohren. (h.)
Auch die Wälder haben Ohren. (it. u. frz.)
Die Zäune (Wälder) haben Ohren und hören. (v.)
Die Zäune haben nicht Augen, aber Ohren. (it.)
3) Auch die Mauer hat Ohren. (f.)
Die Mauern haben Ohren. (pers., ar. u. frz.)
Mauern haben Ohren. (neg. frz.)
Die Wand hat Ohren. (neg. engl.)
4) Der Skorpion schläft unter jedem Stein. (v.)

Nun ist es zwar allbekannt:

**Der Horcher an der Wand
Hört seine eigne Schand',** (b.) ¹)

und:

Wer durch ein Loch guckt, sieht leicht, was ihn ärgert; (engl.) aber wird er dadurch, daß er seine Schande gehört oder sich geärgert hat, geneigter zur schonenden Verschwiegenheit werden? Im Gegentheil, er wird sich erst recht zur giftigen Geschwätzigkeit gereizt fühlen, deshalb bleibt unumstößlich wahr, was der Praktikus sagt:

Schweigen schadet selten. (b.) ²)

Vom Schweigen schmerzt die Zunge nicht, (r.) (f.: der Kopf nicht).

Schweigen ist oft Beredtsamkeit. (frz.) ³)

Das Wort ist Silber, Schweigen Gold. (al. ar. u. f.) ⁴)

Tausend Antworten und ein Schweigen sind gleich. (pers.) ⁵)

Besser essen, so viel der Mensch hat, als reden, so viel der Mensch weiß. (it.) ⁶)

---

1) Wer horcht, hört oft seine eigne Schande. (frz.)
Der, welcher horcht, kann ebenso wohl Schlechtes, wie Gutes hören. (ba.)
Horcher hören selten Gutes von sich selber. (engl.)
Wer im Versteck horcht, was man von ihm spricht, hört nicht oft sein Lob. (it.)
Wer hinter den Thüren horcht, hört oft von sich selbst. (cz.)
2). Verschwiegenheit nützt alle Zeit,
Geschwätzigkeit bringt Herzeleid. (b.)
Durch das Aufthun des Mundes können siebenzig Uebel erfolgen. (hb.)
3) Wo Reden den Hals kostet, ist Schweigen eine Tugend. (r.)
4) Das wenige Sprechen ist Silber und das Schweigen Gold. (sp.)
5) Die Zunge des Schweigens ist besser, als hundert Zungen. (pers.)
6) Es ist besser, einen Mund zu viel gegessen, als ein Wort zu viel gesprochen. (Eis.)

Denn:

Wie viel Worte du sprichst, so viel Worte verkaufst du; wie viel Worte du nicht sprichst, so viel Worte kaufst du; (wal.)

Das Wort, welches aus dem Munde herausfliegt, fliegt um keinen Preis wieder zurück; (cz.) [1]

Wer viel spricht, sagt selten, was gut ist; (schw.)

Wer viel plaudert, lügt viel; (esth.)

und darum heißt es auf hindostanisch:

Der Thor spricht, der Weise denkt, [2]

und auf deutsch:

Leere Tonnen geben großen Schall. (d.) [3]

Je leerer ein Faß, je voller es klingt. (ba.) [4]

Sei der Erste beim Hören und der Letzte beim Sprechen. (ba.)
Rasch sei zum Hören und sachte zum Sprechen. (f.)
1) Ausgesprochnes Wort kann nicht wieder zurückkehren. (kro.; g. ä. sp.)
Was ein Mal wie ein Sperling aus dem Munde herausfliegt, das bringst du mit vier Pferden nicht wieder zurück. (cz.)
Das Wort ist wie der Wind, und man holt es weder mit Hengsten, noch mit Windhunden wieder ein. (wal.)
Ist die Kugel aus dem Rohr und das Wort aus dem Munde, sind beide des Teufels. (lett.)
2) Die Zunge des Weisen ist in seinem Herzen, das Herz des Narren ist auf seiner Zunge. (äg. ar.)
Das Herz des Thörichten ist auf seinen Lippen, und die Zunge des Weisen in seinem Herzen. (al. ar.)
Eines Narren Zunge wird an der Fülle der Worte erkannt. (engl.)
3) Leere Fässer klingen hohl. (d.)
Der Schall der Trommel entsteht, weil sie leer ist. (pers.)
4) Leere Fässer schallen am meisten. (h.)
Die leeren Tonnen sind die, welche den größten Lärm machen. (frz.)
Leere Gefäße geben den meisten Schall. (engl.)
Je leerer der Mörser, je toller der Lärm. (r.)
Ein leeres Gefäß klingt immer lauter, als ein volles. (lat.)

Je voller die Fässer, je gelinder der Klang. (d.)¹)

Doch glaube man nicht, daß der Praktikus dem durch die göttliche Gabe der Rede Beglückten ein für alle Mal den Mund verbietet. Nein, er sagt auch:

Schweigen thut nicht allweg gut. (d.)

Es kann Einer seine Zunge zur unrechten Zeit halten. (engl.)

So z. B.:

Siehst du einen Blinden in Gefahr, in einen Brunnen zu fallen, so ist es ein Verbrechen, wenn du schweigst. (pers.)

Weiter:

Wer nicht spricht, kommt nicht vorwärts. (scho.)²)

Wer nicht spricht, den hört Gott nicht. (sp.)³)

Wer nicht spricht, den begraben sie lebendig. (ngr.)

Niemand soll's Maul halten, der unschuldig ist. (afr.)

Und endlich:

Austausch von Worten ist Erleichterung der Herzen. (scho.)

Nur mit einem mehr oder weniger Hungrigen darf man keine Worte austauschen wollen, denn:

Dem Hungrigen ist nicht gut predigen. (d.)⁴)

Drei Erbsen in der Hülse machen mehr Lärm, als wenn sie voll wäre. (d.)
1) Ein leeres Faß knarrt, ein volles schweigt. (llr.)
   Volle Fässer klingen nicht, leere desto mehr. (d.)
   Die großen Glocken klingen selten. (chin.)
2) Stumme bekommen kein Land. (engl.)
3) Einem Kinde, das nicht schreit, giebt die Mutter die Brust nicht. (ba.)
   Wenn das Kind nicht weint, giebt ihm die Mutter die Brust nicht. (Hrzg.)
4) Dem Hungrigen hilft keine Predigt. (d.)

oder, mit mehr Phantasie ausgedrückt:

Ein hungriger Bauch hat keine Ohren,
(b. u. engl.) ¹)

und:

Worte füllen den Bauch nicht. (engl.) ²)

Nun aber ist:

Keine schlimmere Noth, als ein hungriger Bauch, (f.)

denn:

Der Bauch ist ein unerbittlich Ding, (cz.) ³)

und:

Keine Uhr, die richtiger ginge, als der Bauch. (frz.) ⁴)

Ebenso heißt es:

Hungriger Magen, guter Koch, (kro.)

---

1) Hungriger Bauch hat keine Ohren. (frz. u. p.)
   Der Bauch hört nicht, (cz.) — hat keine Ohren. (lat., it., b., engl., ngr., f.)
   Der Bauch hat weder Ohren, noch Gehör. (r.)
2) Von Worten wird der Bauch nicht voll. (b.)
   Der Bauch läßt sich mit Worten nicht abspeisen. (b.)
   Der hungrige Bauch läßt sich nicht mit Worten, noch mit schöner Rede beruhigen. (cz.)
   Der Hunger läßt sich nicht mit Worten stillen. (cz.)
   Wird der Kopf nach Blumen verlangen, während der Bauch nach Reis schreit? (ta.)
3) Der Bauch versteht keinen Spaß. (f.)
   Hungriger Bauch singt einen bösen Alt. (b.)
   Der hungrige Bauch besah sich den Teppich, weil die Wolle einst nah beim Fleisch saß. (pers.)
   Der Bauch ist ein Undankbarer: des alten Guten denkt er nicht. (r.)
   Der Magen ist ein reines Vieh, (cz.) (b.: ein offener Schaben).
4) Der Magen ist die beste Uhr. (f.)
   Kein besserer Uhrmacher, als der Bauch. (frz.)
   Einem hungrigen Bauch kann Niemand lügen. (b.)

und häufiger noch:

Hunger ist der beste Koch, (d., cz., p., kro.)¹)

denn:

Der Hungrige kocht den Kohl in der Hand, wenn der Topf fehlt. (lett.)

Weiter sagt man:

Hunger ist die beste Brühe. (engl., frz., it.)²)

Der Hunger ist das beste Gewürz. (sa.)³)

Hunger ist das beste Kraut. (schw.)⁴)

Für den Hungrigen ist immer Mittag. (cz. u. p.)⁵)

Für den Hunger giebt's kein schlechtes Brod. (sp.)⁶)

Der Hunger sieht am Brod den Schimmel nicht. (r.)

Dem Hungrigen ist auch Haferbrod wohlschmeckend. (cz.)

---

1) Durst ist der beste Kellner. (d.)
   Ein Durstiger trinkt auch wohl Honigwasser für Wein. (r.)
   Einem großen Durst ist jedes Wasser gut. (v.)
   Dem Durstigen schmeckt auch das Seewasser. (r.)
   Der Blinde sieht die Quelle fließen, wenn er Durst hat. (lett.)
2) Hunger ist eine kräftige Brühe. (v.)
   Ein guter Magen ist die beste Brühe. (engl.)
   Der Mund thut mehr, als die Brühe. (Pat)
   Der Appetit bedarf keiner Brühe. (it.)
3) Hunger ist die beste Würze. (d.)
   Die beste Würze der Speisen ist der Hunger. (lat.)
4) Hunger, Arbeit und Schweiß sind die besten Kräuter. (isl.)
   Die Antilope sagt: wenn du ohne Ermüdung issest, schmeckt es nicht,
   aber:
   Wenn ein Fußgänger etwas ißt, schmeckt es gut. (afr.)
5) De beste Nachricht ist die, wenn dem Hungrigen das Stündchen läutet. (cz.)
   Gute Kunde, wenn es heißt: 's ist Zeit zum Essen. (r.) (p.: wenn's zum Essen geht).
6) Für einen ordentlichen Hunger giebt's kein schlechtes Brod. (frz. u. it.)

Der hungrige Mensch ißt auch trocknes Brod. (bulg.) ¹)

Ja, noch mehr:

Der Hunger ißt auch Teig auf. (cz.)

denn:

Dem Hunger ist Alles nach Geschmack. (cz.) ²)

Heut' fasten, kocht morgen die Suppe süß. (b.) ³)

Hunger macht rohe Bohnen süß, (plattd. u. engl.) (b.: zu Mandeln, oder: zu Honigkuchen). ⁴)

Der Hunger macht Wasserrüben zu Zuckerrüben. (lett.)

Dem hungrigen Menschen (Hochzeitsgast) sind auch Holzbirnen süß. (f.)

Dem hungrigen Fürsten mundet auch wohl der Kartoffelbrei. (kaff.)

Genug:

Hunger ist mit jeder Nahrung, und Schläfrigkeit mit jedem Bett zufrieden. (hb.) ⁵)

weil:

---

1) Hunger macht hart Brod zu Honigkuchen. (b.)
   Hat man Hunger, schmeckt das Brod nach Fleisch. (v.)
   Zu weißem Brod Butter, zu schwarzem Hunger. (cz.)
   Hunger lehrt Brod kauen. (b.)
      Die nicht haben and'res Futter,
      Essen mit Freuden Brod und Butter. (engl.)
2) Hunger macht alle Speise süß, allein sich selbst nicht. (b.)
3) Weich wird dir das Fleisch des alten Pelikans schmecken, wenn du zwei Tage hast hungern müssen. (tat.)
   Zu Brod von vierzehn Tagen Hunger von drei Wochen. (sp.)
4) Hunger macht Saubohnen zuckersüß. (b.)
   Hunger macht Bohnen zu Mandeln. (it.)
5) Alles, wenn's nur in den Mund geht. (f.)
   Gute Mühlsteine (Zähne) zermalmen Alles. (r.)
   Man lernt Lehm essen, ehe man Hungers stirbt. (lett.)
   Hunger ißt steinerne Mauern durch. (engl.)
   Hungrige Hunde essen wohl beschmutzte Würste, (h.) (engl.: schmutzige Puddings).
   Der Esel, der Hunger hat, ißt von jedem Stroh. (fic. u. v.)

Dem, der hungert, Alles Brod (Pat.)

ist, und der Spanier mit Recht spricht:

Ich weiß wohl, was ich thue, wenn ich um Brod bitte.

Nicht umsonst sagt der Franzose von einer langen, schweren Zeit des Wartens:

Lang, wie ein Tag ohne Brod. ¹)

Alles ist Mutter, aber Brod ist Nahrung. (Hrzg.)

Nöthig (ist) Brod und Himmel. (ofchl.)

Frägst du den Hungrigen: wie viel zwei Mal zwei sind, so antwortet er: vier Brodlaibe. (hb.)

Der Lahme vergißt das Hinken, wenn er Brod zu holen hat. (lett.) ²)

In dem Hause, wo Brod mangelt, zanken Alle, und Alle haben Recht, (sp.) ³)

denn:

Der Sack, der leer ist, kann nicht aufrecht stehen, (neg. frz.) ⁴)

und:

Hunger thut weh. (d.) ⁵)

---

1) Der Hunger leidet keinen Verzug. (b.)
 Dem Hungrigen ist: Harr', ein hart Wort. (b.)
2) Appetit lehrt den Lahmen gehen, und Hunger läßt ihn springen. (r.)
3) Hungern und Harren macht das Haupt mürrisch. (b.)
 Ein hungriger Mann, ein zorniger Mann. (engl.)
 Hungrige Fliegen (Mücken) stechen scharf. (b.)
 Hungrige Fliegen beißen schlimm. (engl.)
 Hungrige Mücke, schlimmer Stich. (slov.)
 Dürre Mücken stechen scharf. (lett.)
 Dürre Flöhe beißen scharf. (b.)
4) Kälte und Hunger macht schlechte Haut. (m.)
5) Schweres Wehe, wenn man essen möchte, noch schwereres, wenn man essen sieht und Nichts bekommt. (p.)
 Hungersnoth ist große Noth. (b.)
 Schlimm ist der Tod durch Hunger. (j.)

Hunger ist ein Feind. (olf.) ¹)
Hunger treibt nach Haus, (p.) (r.: in die Welt).
Hunger hat keine Augen, (kro.) (cz.: verkaufte die Augen).
Wer Hunger hat, hat keinen Schlaf. (v.) ²)

Freilich heißt es auch:

Hunger lehrt sprechen. (r.) ³)
Hunger lehrt thun, oder: arbeiten, (kro.) (b.: geigen). ⁴)
Hunger ist der Künste Meister. (lat.) ⁵)

Ja:

Der Hunger ist ein großer Meister, er lehrt selbst die Thiere, (it.) ⁶)

obgleich der Türke sagt:

Der Bär, der hungrig ist, tanzt nicht. ⁷)

Aber:

Der Hunger ist Meister, niemals Freund, (it.)

und was noch mehr ist:

Hunger lehrt viel Böses, (b.) ⁸)

---

1) Hunger ist ein scharf Schwert. (b.)
  Eine ausgehungerte Stadt wird leicht erstürmt. (it.)
2) Hungriges Auge schläft nicht. (f.)
  Hungriges Huhn träumt von Hirse. (kr.)
  Wenn der Hund hungrig ist, so liegen ihm im Schlaf alle Bissen vor Augen (die er gegessen hat oder essen möchte). (f.)
3) Hunger ist ein guter Redner. (b.)
4) Ist der Mensch hungrig, so lehrt ihn der Bauch, wie er Brod bekommen soll. (r.)
  Der Bauch ist Herr, er wird schon nachtreiben (zur Arbeit). (estb.)
5) Der Hunger findet den Doktoräut. (b.)
  Ein hungriger Mann sieht weit. (scho.)
6) Hunger lehrt die Katzen mausen. (b.)
  Hunger lehrt den Hund Gras fressen. (lett.)
7) Der leere Bauch springt nicht gut, der volle gar nicht. (alb.)
8) Der Hunger treibt den Wolf aus dem Walde, (frz.) — aus

denn:

> Hunger ist ohne Scham; (cz.) ¹)
> Der Hunger kennt Niemand; (b.)
> Hunger kennt nur das Gebot: du sollst essen; (lett.) ²)
> Der Hunger fürchtet den Galgen nicht, (slov.) ³)

und so kommt es denn, daß:

> Schuld betrübt, Hunger stiehlt. (tlr.) ⁴)

Geschwisterkind mit dem Hunger, ebenso despotisch ge=
bieterisch, wie er, ist die Noth.

In der Noth frißt der Teufel Fliegen, ⁵)

sagt der Deutsche in Böhmen, im Allgemeinen:

Noth sucht Brod, wo sich's findet,

und:

Noth bricht Eisen. (b. u. cz.) ⁶)

---

dem Busch, (it.) — in's Dorf, oder: über Schnee und
Eis. (b.)
Der Hunger jagt den Wolf aus der Höhle. (b.)
Der hungrige Wolf sitzt nicht still. (port.)
Der Hunger treibt den Fuchs aus der Höhle. (Eif.)
1) Beim Hunger Scham hinter den Balken. (kro. u. kr.)
2) Aus Hunger ist es erlaubt, das Gesetz zu umgehen. (it.)
3) Ein hungriger Esel achtet der Geißel nicht, (lat.) (frz.: der
   Schläge nicht).
   Ein hungriger Hund fürchtet den Stock nicht. (it. u. sp.)
   Der Hungrige fürchtet den Stock nicht, (p.) (cz.: den Gal-
   gen nicht).
   Gegessen muß sein, und wenn der Galgen b'rauf stände. (b.)
4) Hungrig entwendet auch der Patriarch Brod. (r.)
   Hungrig wird auch der Patriarch stehlen. (f.)
5) In der Noth
   Ißt man Pastetenrinden für Brod. (b.)
   Wenn dem Tiger was fehlt, frißt er Thon. (neg. engl.)
   Noth lehrt in saure Aepfel beißen. (b.)
6) Noth bricht auch Eisen. (kro.)
   Noth bricht den Wagen, (cz. u. kro.) (b.: hebt einen Wagen
   auf).

Noth bricht das Gesetz. (lat. u. neg. engl.) [1])

Noth hat kein Gesetz, (engl., frz. u. it.) — weder König noch Gesetz, (ba.) — kein Gebot. (b.) [2])

Noth lehrt große Dinge. (m.) [3])

Noth lehrt beten, (rufen). (b.)

Noth lehrt den Hasen springen. (tat.) [4])

Noth lehrt den Affen geigen. (b.) [5])

Die Noth macht die Hände rühren. (v.)

Die Noth macht den Alten auf den Markt gehen. (ba.) [6])

Noth macht den Nackenden laufen. (engl.) [7])

Noth macht Muth. (m. u. v.)

Noth risse den Mond vom Himmel, wenn sie nur so lange Arme hätte. (lett.)

Noth förbert den Willigen, den Unwilligen zieht sie beim Haar. (b.) [8])

Die Nothwendigkeit ist eine große Gewalt. (lat.) [9])

Die Noth treibt die Ochsen in den Brunnen. (b.) [10])

Noth macht den braven Mann. (it.)

Andererseits hören wir auch:

Noth macht den Menschen zum Schelme, (v.)

und mit aller Bestimmtheit wird uns versichert:

---

1) Noth bricht Gesetz. (g., p., cz.)
2) Noth hebt das Gesetz auf. (f. u. bulg.)
3) Noth lehrt Künste. (b.)
    Noth ist die Mutter der Erfindung. (it.)
    Die Noth lehrt. (v.)
4) Noth lehrt alte Weiber springen. (b.)
5) Noth lehrt einen Bären (auch den Lahmen) tanzen. (b.)
6) Noth macht das alte Weib traben. (b., engl., frz. u. it.)
7) Noth macht die Nackenden laufen und die Weber spinnen. (scho.)
8) Folge der Noth: willst du nicht, so mußt du. (b.)
9) Noth vor Vernunft. (lat.)
10) Noth verjagt den Schlaf. (m.)

Zwang macht keine Christen. (d.)¹)

Was aus Zwang geschieht, ist keine Schale werth. (it.)²)

Im Freien singt die Nachtigall am schönsten. (r.)

Kommt's nicht aus dem Herzen, kann man nicht singen. (v. u. b.)³)

Es muß aus meinem Geist kommen, daß ich meinen Strumpf stopfe. (h.)⁴)

Es hilft Nichts, den Ochsen zum Wasser führen, wenn er nicht Durst hat. (frz.)

Man kann das Pferd zum Wasser führen, aber man kann es nicht trinken machen, außer, wenn es will. (engl.)⁵)

Man kann den Esel wohl in's Wasser treiben, aber nicht zwingen, daß er säuft. (Dtrk.)⁶)

Schwierig ist's, den Esel wider Willen auf die Brücke zu treiben. (cz.)

Man kann den Esel nicht mit Gewalt tanzen machen. (v.)

Mit unlustigen Hunden ist schlecht Hasen fangen. (h.)⁷)

Der Hund, den man mit Gewalt in den Busch führt, bringt keinen Hasen. (esth.)⁸)

Durch Gewalt läßt selbst Gott sich nicht erbitten. (Hrzg.)

Die gleiche Bedeutung haben folgende Reime:

Zwei harte Steine
Mahlen selten kleine. (d.)⁹)

---

1) Mit Zwang macht man Essig. (d. u. v.)
2) Zwang ist kein guter Wille. (d.)
3) Man kann nimmer gut tanzen, wenn das Herz nicht dabei ist. (t. u. m.)
4) Ohne Lust schlechte Arbeit. (cz. u. p.)
5) Wohl lassen sich Pferde zum Wasser bringen,
   Aber sich nicht zum Trinken zwingen. (d.)
6) Man zwingt den Esel nicht, zu trinken, wenn er nicht will. (frz.)
7) Mit widerwilligen Windspielen fängst du selten einen Hasen. (cz.)
   Mit gezwungnen Hunden ist übel jagen. (d.)
8) Wer den Hund mit Gewalt auf die Jagd führt, jagt Nichts. (Hrz.)
9) Zwei harte Steine machen kein gutes Mehl. (esth.)

und:

> Hart gegen Hart
> Nimmer gut ward. (d.)¹)

Dagegen behauptet der Praktikus:

> **Ein gutes Wort findet eine gute Statt.** (d.)²)
>
> Freundliches Wort findet freundliches Ohr. (cz.)
> Gute Worte kühlen mehr, als kaltes Wasser. (engl.)³)
> Ein gutes Wort kostet Nichts. (d.)⁴)
> Sanfte Worte thun dem Munde nicht weh. (engl.)⁵)
> Sanfte Worte ritzen die Zunge nicht. (frz.)⁶)
> Sanfte Rede kann hartes Herz erweichen. (ba.)⁷)
> Ein gutes Wort frißt fremde Kraft. (esth.)
> Schönes Wort öffnet eisernes Thor. (j.)⁸)

---

1) Hart mit Hart gab nie eine gute Mauer. (it.)
2) Die guten Worte finden guten Ort. (it.)
   > Gut Wort
   > Findet guten Ort. (d. u. cz.)
3) Mehr beruhigt ein gutes Wort, als ein Kessel kalten Wassers. (port.)
   Freundliches Wort besänftigt den Zorn. (r.; g. ä. kr.)
   Die guten Worte salben, die bösen stechen. (it.)
4) Gute Worte kosten Nichts, (engl.) (d.: vermögen viel und kosten wenig).
   Gutes Wort kostet wenig, (p.) (f.: kein Geld).
   Ehrenbezeigungen des Mundes gelten viel und kosten wenig. (sic.)
   Höflichkeit des Mundes gilt viel und kostet wenig. (sp.)
5) Freundliche Worte machen die Zähne nicht stumpf und ein helles Ansehen. (d.)
6) Gutes Wort verbrennt den Mund nicht. (cz.)
   Sanfte Worte verbrühen die Zunge nicht, (brechen keine Knochen). (engl.)
   Ein gutes Wort bricht Einem kein Bein. (d.)
7) Gelindes Feuer macht süßes Malz. (Hrz.; g. ä. engl.)
8) Der Fels, den ein eiserner Hebebaum nicht erschüttert, öffnet sich der Wurzel eines grünenden Baumes. (ta.)

Ein gutes Wort führt die Kuh in den Stall. (neg. engl.) ¹)

Angenehme Worte sind die Jäger des menschlichen Herzens. (pers.) ²)

Der Pfeifenklang ist süß, aber eine freundliche Rede ist doch viel süßer. (schw.)

Süßes Gespräch macht angenehme Tage und Nächte. (engl.)

Süßer Mund verkauft Tonnen sauern Bieres. (lett.)

Das geht ein wenig über die „gute" Wirkung der „guten Worte" hinaus. Auch der Erfahrungssatz des Franzosen:

Sanftmuth thut mehr, als Heftigkeit,

wird in Sprüchen paraphrasirt, die unzweideutig treulos sind:

Mit Speck fängt man Mäuse. (d.)

Mit Honig fängt man nicht nur Fliegen, sondern auch Bären. (r.)

Mit einem Löffel Honig fängt man mehr Fliegen, als mit einem Faß voll Essig. (d.) ³)

Mit Rauch lockt man den Bienenschwarm nicht herbei. (r.)

Einen Vogel zu erschrecken ist nicht die Art, ihn zu fangen. (engl.) ⁴)

---

1) Freundliches Wort und freundlicher Blick locken auch wilde Thiere an die Hand. (r.)
   Eine angenehme Stimme lockt die Schlange aus dem Loch. (pers.)
2) Sanfte Rede ist das Band der Herzen. (ar.)
3) Man fängt mehr Fliegen mit einer Scheibe Honig, als mit einem Faß Essig. (tü.)
   Mit Hafer lockt, mit Sporen jagt man. (fin.)
4) Wer einen Vogel fangen will, darf ihn nicht erschrecken. (frz.)
   Das grobe Netz ist nicht der beste Vogelfänger. (engl.)
   Wer einen Vogel fangen will, darf nicht mit der Peitsche knallen, sondern muß angenehm pfeifen. (tro.)

Durch Steinwürfe wird der Hund nicht zahm. (bä.)

Wirf keine Steine in den Bach, in dem du Fische fangen willst. (r.)

Auf gleiche Weise räth der Praktikus mit derjenigen Menschenart zu verfahren, welche in der Naturgeschichte mit dem Namen „Galgenvögel" bezeichnet wird. Allerdings hat das seine Schwierigkeit, denn:

Es ist schlimm, Füchse mit Füchsen zu fangen; (h.)

Es ist nicht leicht, zu stehlen, wo der Hausherr selber ein Dieb ist. (bä.) [1])

und:

Wer den Teufel betrügen will, muß früh aufstehen. (Hrz.)

Indessen:

Ein Keil treibt den andern. (b. u. lat.) [2])

Ein Nagel vertreibt den andern. (frz.) [3])

Ein Windstoß vertreibt den andern. (r.)

Ein Teufel vertreibt den andern, (it.)

und:

Ein Bubenstück vertreibt das andere, (lett.)

denn:

Ein Schelm ist über dem andern; (lett.)

Wenn man Vögel fangen will, muß man nicht mit Knütteln d'runter werfen. (b.)

Auf Vögel mit Leim, nicht mit dem Dreschflegel. (cz.)

1) Einem Diebe ist nicht gut stehlen (b.)
 Es ist bös stehlen, wenn der Wirth ein Dieb ist. (b.)
2) Ein Keil treibt den Keil. (fr. u. cz.)
 Der Keil muß den Keil ausstoßen. (cz.)
 Den Keil schlägst du aus mit dem Keil. (r. u. klr.)
3) Ein Nagel wird vom andern gestoßen (lat.)
 Eine Liebe vertreibt die andere, wie ein Nagel den andern. (port.)

Es giebt keinen Betrug, der sich nicht durch Betrug überwinden ließe; (it.) ¹)

Rattenlist übertrifft Mäuselist, und Katzenlist übertrifft Rattenlist; (r.) ²)

Der Fuchs weiß viel, aber mehr noch, der ihn fängt, (engl.)

und daher spricht der Praktikus:

Sei Fuchs mit dem Fuchse. (b.) ³)

Einem Fuchs einen und einen halben. (frz.) ⁴)

Den Fuchs muß man mit Füchsen fangen. (b.) ⁵)

Nehmt einen Dieb, um einen Dieb zu fangen. (engl.)

Wer einen Schalk fangen will, muß einen Schalk hinter die Thür stellen. (b.)

Wer einen Bauer betrügen will, muß einen Bauer mitbringen. (h.)

Kurz, um diese Klugheitsregel in wenige Worte zusammenzufassen:

Mit den Füchsen muß man füchseln, (v.) ⁶)

und, um gleich eine dem Wortlaut nach ähnliche, dem Sinn nach gänzlich entgegengesetzte hinzuzufügen:

---

1) List über List. (b.)
2) Viel weiß die Katze, aber mehr noch die Katze. (it.)
3) Böses muß man überbösen. (b.)
   Dem Bösen thue Böses. (it.)
4) Einem Schelm (Betrüger, Schlechten, Bauer) einen und einen halben. (frz.)
   Um einen Schelm zu erkennen, braucht man anderthalb Schelme. (t.)
5) Schickt Füchse aus, um Füchse zu fangen. (b.)
   Wer einen Fuchs fangen will, muß keinen Schöps hinter's Garn stellen. (b.)
   Guter Katze gute Ratze. (frz.)
   Die Raben müssen einen Geier haben. (b.)
6) Gegen die Füchse muß man füchseln. (lat.)
   Unter den Füchsen muß man füchseln. (agr.)

Mit den Wölfen muß man heulen. (d., engl., frz., it.) [1]

Lerne bellen, wenn du mit Hunden zu thun hast. (r.)

Wer unter die Krähen kommt, muß krächzen, wie sie. (oschl.) [2]

Wer bei den Krebsen ist, soll rückwärts gehen. (bulg.)

Wer im Sumpf ist, lerne quaken. (lett.)

Wie der Ort, so die Rede. (alb.)

Wo Rosen sind, da sei du Rose, wo Dornen sind, da sei du Dorn. (pers.) [3]

Es heißt nämlich mit großer Wahrheit:

Wider den Strom ist übel schwimmen. (d.) [4]

denn:

Wer der Welle sich entgegenstemmt, den reißt dieselbe fort; wer aber der Welle sich nicht entgegenstemmt, den reißt sie auch nicht fort. (hbr.)

Darum erinnert auch der Praktikus die fahrenden Ritter des Idealismus, welche im modernen Leben dieselbe Rolle spielen, wie bei Cervantes der wackere und magere Ritter von der traurigen Gestalt:

---

1) Wer mit den Wölfen sein will (fr.: umgeht), muß mit ihnen heulen. (cz.)
Wer mit den Wölfen essen will, muß mit den Wölfen heulen. (d.)
Lebst du mit den Wölfen, so heule auch auf Wolfsart. (r.)
Er heult mit den Wölfen, mit denen er im Holze ist. (h.)
2) Wenn du unter die Raben kommst, so krächze auch, wie sie. (p. u. flr.)
Bist du im Hühnerstall, so krähe. (wal.)
3) Mit den Geizigen muß man den Geizigen spielen. (d.)
In der Kirche mit den Heiligen, in der Schenke mit den Saufbrüdern. (it.)
4) Gegen den Strom kein Streben. (engl.)
Man muß nicht gegen die Strömung gehen. (frz.)

> **Wer Alles will verfechten,**
> Der hat gar viel zu rechten. (d.) [1]

und:

> Wer allen Streit schlichten will, wird mit der ganzen Welt in Fehde leben. (lett.)

Ein solcher Kämpe bleibt leicht, wie der Deutsche es ausdrückt:

> **Zwischen Thür und Angel stecken,** [2]

eine Situation, welche der Däne mit den Worten bezeichnet:

> Zwischen Messer und Wand sein.

Der Venetianer sagt noch bedenklicher:

> Zwischen Marco und Todoro sein,

d. h. auf der Piazetta zwischen den beiden Säulen, von denen die eine den Löwen des heiligen Markus, die andere den heiligen Theodor trägt. Wenn man erst weiß, daß zwischen ihnen früher gehängt wurde, so wird man zugeben, daß irgend ein Dilemma, in welches man hineingeriethe, kaum anschaulicher und bedrohlicher charakterisirt werden könnte.

Zum Glück für die eigne Behaglichkeit des lieben Menschengeschlechtes giebt es nicht gar zu häufig einen Fanatiker für irgend welche Neigung oder Narrheit, von dem man sagen müßte:

> Der tanzt gern, der zwischen Dornen tanzt. (d. u. engl.)

---

1) Wer Alles verfechten will, darf nie das Schwert einstecken. (d.) Hätt' ich jedes Unrecht gerächt, ich hätte nicht so lange meine Rockschöße behalten. (engl.)
2) Er steckt zwischen Baum und Borke. (d.)

Der ißt gern Hammel, der sein Brod an der Wolle reibt. (engl.) ¹)

Der hat viel Lust zu Brühe, der sein Brod in die Gosse taucht. (h.)

Der ißt gern Rostbeef, der den Spieß ableckt. (engl.) ²)

Von den meisten Leuten kann der Praktikus billigend sagen:

Durch Schaden wird man klug. (b.) ³)

Wo der Esel ein Mal fällt, da fällt er nicht wieder. (it.) ⁴)

Den Esel führt man nur ein Mal auf's Eis. (b.) ⁵)

Der Fuchs geht nur ein Mal in die Falle. (ugr.)

Man kann auch den dümmsten Fuchs nur ein Mal schinden. (lett.) ⁶)

Man fängt nicht zwei Mal einen Wolf in demselben Loche. (Pic.) ⁷)

Ein Mal betrügt man den Hund mit einem Knochen, das andere Mal wird man ihn nicht mit Fleisch betrügen. (lett.) ⁸)

Ein Dummkopf, dessen Schaf zwei Mal ausreißt. (afr.)

Wer sich ein Mal an eine Thürleiste stieß, wird sich bücken. (ta.)

---

1) Der ißt gern Speck, der sein Brod an den Borsten reibt. (r.)
2) Der ißt gern Speck, der die Thür des Schweinestalls ableckt. (engl.)
   Das alte Weib liebt die Feigen so sehr, daß sie selbst die Blätter ißt. (ngr.)
3) Was schabet, lehrt. (lat.)
   Was versehrt,
   Das lehrt. (b.)
4) Wo sich der Esel ein Mal stößt, da nimmt er sich in Acht. (b.)
5) Der Esel ist so weise:
   Er tanzt nur ein Mal auf dem Eise. (b.)
6) Ein alter Fuchs läuft nicht zum zweiten Mal in's Garn. (b.)
7) Keine Maus geht zum andern Male in die gleiche Falle. (lett.)
8) Wer mich ein Mal betrügt, dem verzeih' es Gott; betrügt er mich wieder, verzeih' es mir Gott. (b.)

Wer sich ein Mal verbrüht hat, bläst das nächste Mal d'rauf. (v.)

Natürlich:

Ein gebranntes Kind fürchtet das Feuer. (b.) ¹)

Ein verbrühter Hund kommt nicht wieder in die Küche. (frz.)

Der verbrühte Hund fürchtet auch das laue Wasser. (ba.) ²)

Eine gebrühte Katze scheut auch kaltes Wasser. (b. u. frz.)

Wer sich mit Milch verbrühte, bläst selbst auf Buttermilch, bevor er sie trinkt. (hb.; g. ä. pers.) ³)

Wer sich verbrühte, weil er zu heiß aß, bläst selbst auf ein kaltes Stück. (ngr.) ⁴)

Wer sich an der Brühe verbrannte, bläst selbst auf den Kohl im Garten. (v.)

Wer von der Schlange gebissen wurde, fürchtet sich vor dem Strick. (ar., hbr., ill., slov., engl) ⁵)

Der, welchen die Schlange gebissen hat, wird sich selbst vor der Eidechse fürchten. (mag., j., slov.) ⁶)

Wer von einer Schlange gebissen worden ist, fürchtet einen Haselwurm. (afr.) ⁷)

Wer eine Schlange trat (sah), fürchtet sich vor einer Wurzel. (äth.)

---

1) Das gebrannte Kind (engl.) } fürchtet das Feuer.
   Gebranntes Kind (frz.)
2) Der Hund, der mit heißem Wasser verbrüht wurde, fürchtet sich später auch vor dem kalten. (it.)
3) Wer sich an der Milch verbrüht hat, bläst auch das Wasser. (r.; g. ä. p. u. flr.)
4) Wer sich an heißer Suppe verbrühte, bläst auch die kalte. (v.)
5) Den ein Mal die Schlange beißt, der fürchtet sich vor jedem gewundenen Seil. (b.)
6) Wer von der Schlange gestochen wurde, hat Furcht vor der Eidechse. (it.)
   Wen eine Otter gestochen hat, der fürchtet sich auch vor der Eidechse. (Hrzg.)
7) Wen die Schlange biß, der fürchtet auch den Regenwurm. (flr.)
   Wenn dich eine Schlange gebissen hat, und du siehst einen Wurm, so fürchtest du dich. (neg. engl.)

Wer ein Mal einen Bären im Walde sah, hört in jedem Busche sein Brummen. (r.)

Ein angeschossener Wolf erschrickt bei jedem Peitschenknall. (lett.)

Ein gebissener Hund ist schüchtern. (esth.)

Das gedrückte Pferd zittert, sobald es den Sattel sieht. (ngr.)

Eine solche Erinnerungsfurcht ist denn auch weder Menschen, noch Thieren zu verdenken. Jedes erlittene Weh hinterläßt in der Seele eine Narbe, die es nachfühlt, wie sie als Wunde brannte, besonders wenn der Spott mit dem Finger auf sie weist. Und das geschieht sicherlich:

Wer den Schaden hat, darf für den Spott nicht sorgen.
(d.) [1])

Jemands Leid, Jemands Spott. (s. u. lf.)

Die Geschlagenen zahlen die Strafe. (frz.)

Kommst du an's Kreuz, so tränkt man dich mit Essig und Galle. (d.)

Es giebt aber auch eine Vorherfurcht, welche sowohl den Muth des Geistes, wie die Thätigkeit des Körpers lähmt, und, würde sie zur allgemeinen Krankheit, das ganze Leben neutralisiren könnte. Zu denen, welche an diesem Jammerleiden laboriren, spricht der Praktikus ironisch:

Wer den Staub scheut, bleibe von der Tenne.
(d.)

Wer sich nicht bemehlen will, gehe nicht in die Mühle. (it.) [2])

---

1) Wer Unglück hat, muß auch das Gespötte haben. (d.)
2) Wer nicht bestauben will, bleib' aus der Mühle. (d.)

Wer das Laub fürchtet, bleibe aus dem Walde. (d.) ¹)

Wer sich vor jedem Grase fürchtet, der muß auf keiner Wiese schlafen. (engl.)

Wer sich vor den Sperlingen fürchtet, säe keine Hirse. (j.) ²)

Wer sich vor dem Wehen von Federn fürchtet, der komme nicht unter wildes Geflügel. (engl.)

Wer das Wasser fürchtet, der gehe nicht zu Schiffe. (d.) ³)

Gehe nicht Wäsche waschen, wer Füße von Salz hat. (ba.)

Wer feuerscheu ist, soll kein Bäcker werden. (d.) ⁴)

Wer Schmied werden will, muß des Rauches gewohnt sein. (lett.)

Wer einen Kopf von Wachs hat, gehe nicht in die Sonne. (it.) ⁵)

Wer den Wind scheut, darf nicht Müller werden. (r.)

Wer den Schwindel hat, soll kein Schieferdecker werden. (d.) ⁶)

Wer das Strangziehen scheut, soll sich nicht zum Glöckneramt melden. (r.) ⁷)

---

1) Wer sich vor Blättern fürchtet, der muß nicht in den Wald kommen. (engl.) (frz.: gehen).
   Wer sich vor Dornen fürchtet, der gehe nicht in den Busch. (d.)
   Was wird im Walde thun, der jeden Busch fürchtet? (frz.)
2) Fürchtest du die Sperlinge, säe keine Hirse. (tü.)
3) Wer Wasser und Wind fürchtet, der gehe nicht auf's Meer. (it.)
   Wer das Wasser scheut, darf kein Schiffer werden. (r.)
   Wer ohne Gefahr schiffen möchte, der komme nie auf die hohe See. (engl.)
4) Seid kein Bäcker, wenn euer Kopf aus Butter ist. (engl. u. ba.)
5) Wer Butter auf dem Kopfe hat, der gehe nicht in die Sonne. (d.)
   Der, welcher sich in den Schatten legt, ist vor Sonnenstrahlen sicher. (Pic.)
6) Steige nicht auf's Dach, wenn du zum Schwindel geneigt bist. (r.)
   Der Adler ist übel daran, der zum Schwindel geneigt ist. (lett.)
7) Wer nicht den Klang der Glocke hören will, soll nicht den Strick ziehen. (ba.)

Er kann kein Verzinner sein, und sich die Hände nicht schwarz machen. (Hrzg.) ¹)

Aber allerdings:

Wer allzeit auf allen Wind will sehen,
Der wird nicht säen und nicht mähen. (d. u. v.)

Der, welcher sein Feld aus Furcht vor den Vögeln nicht bestellte, starb Hungers, weil er die Vögel fasten lassen wollte. (ba.) ²)

Wer alle Stauden flieht, kommt nie in einen Wald. (d.) ³)

Wer das Wasser scheut, gelangt nicht zu den Inseln. (r.)

Wer jeder Wolke achtet, macht nie eine Reise. (it. u. frz.) ⁴)

Wer alle Gefährde will erwiegen,
Bleibt ewig hinter'm Ofen liegen. (d.) ⁵)

Wer immerfort rechnet, was es kostet, ißt nimmer 'nen guten Kohl. (d.) ⁶)

Endlich:

---

1) Werde kein Schuster, wenn du den Pechgeruch nicht ertragen kannst. (lett.)
2) Wer die Spatzen fürchtet, wird nie Hirse säen. (d.)
   Wer die Vögel fürchtet, sä't keine Hirse. (v.)
   Man muß aus Furcht vor den Tauben das Säen nicht lassen. (frz.)
   Aus Furcht vor den Vögeln unterlasse nicht, Erbsen zu säen. (it.)
   Wer wird der Vögel wegen die Saat unterlassen? (d.)
3) Wer die Dornen scheut, kommt nicht in den Busch. (d.)
4) Wenn du auf die Schwärze der Regenwolken siehst, wirst du nie ausgehen. (neg. engl.)
   Wer die Wolken ansieht, macht keine Reise. (v.)
5) Wer jede Gefahr will erwägen,
   Der muß sich hinter den Ofen legen. (d.)
   Wer die Gefahren fürchtet, der unternehme Nichts. (v.)
   Wer sich vor Wunden fürchtet, der komme keiner Schlacht nahe. (engl.)
   Der Furchtsame darf Nichts unternehmen. (frz.)
   Schlecht überlegt, wer zu sehr fürchtet. (it.)
6) Wer auf jede Feder acht't,
   Nie das Bette fertig macht. (d.)

Wer bange ist vor den Dornen, bekommt keine Rose; (dä.)
und doch:

Wer die Rose will, muß auch die Dornen wollen. (tü.) ¹)
denn es blüht:

Keine Rose ohne Dornen. (d. u. h.) ²)

Es giebt keinen Honig ohne Stachel, keine Rose ohne Dornen. (pers.) ³)

Wer Honig will, muß der Bienen Sumsen leiden. (d.) ⁴)

Wer Honig ausnehmen will, muß das Stechen der Bienen aushalten. (h.) ⁵)

Wer Eier haben will, muß der Hühner Gackern leiden. (plattd.) ⁶)

Wer Pfannkuchen essen will, muß Eier schlagen. (d.) ⁷)

Wer Austern essen will, hat die Schale zu brechen. (isl.)

Wer Nüsse essen will, muß die Schalen zerbeißen. (kro.) ⁸)

Keiner Nuß fehlt die Schale zum Knacken. (engl.) ⁹)

---

1) Wer die Rose pflücken will, muß auf die Dornen nicht achten. (h.)
2) Es giebt keine Rosen ohne Dornen. (frz.)
   Jede Rose hat ihren Dorn. (it.) (ill.: hat Gestrüpp).
   Keine Rose ohne einen Dorn. (engl.)
   Man kann nicht die Rose ohne den Dorn, Mehl ohne Kleie, Fleisch ohne Knochen, Fische ohne sich naßzumachen, haben. (it.)
3) Kein Honig ohne Gift. (d.)
   Der Honig ist süß, aber die Bienen stechen. (engl.)
4) Man kann den Honig nicht ohne die Fliegen haben. (it.)
5) Wer Honig lecken will, muß der Bienen Stachel nicht scheuen. (d.)
6) Wer die Eier von der Henne begehrt, muß ihr Gackern leiden. (h.)
   Wer Eier essen will, muß leiden, daß die Hühner gackern. (dä.)
   Wer das Ei haben will, muß das Gackern leiden. (kro.)
7) Willst du geröstete Bananen essen, so mußt du dir erst die Finger verbrennen. (neg. engl.)
8) Wenn es dich nach dem Kern gelüstet, zerbeiße die Schale. (fr.)
   Wer den Kern verlangt, muß ihn aufbeißen. (d.)
   Wer den Kern essen will, muß die Nuß knacken. (d., dä., engl, cz.)
9) In zwei Maß Datteln ist ein Maß Steine. (engl.)

Wer durch die Furt will, muß das Waten nicht scheuen. (tat.)

Wer des Feuers begehrt, muß den Rauch leiden. (h.) ¹)

Kein Weg ist so eben, er hat irgend eine Ungleichheit. (engl.) ²)

    Kein Brod
Ohne Noth. (b.) ³)

Keine Freude ohne Plage. (engl.) ⁴)

Keine Liebe sonder Leid. (h.)

Man kann das Süße nicht ohne das Bittere haben. (it.) ⁵)

Kein Sonnenschein ohne etwas Schatten. (engl.)

Wo ein Schatz liegt, ist eine Schlange. (pers.)

Große Gefahr, großer Gewinnst. (v.)

aber:

Wer nicht wagt, gewinnt nicht. (b. u. it.) ⁶)

Nichts wagen, Nichts haben. (engl.)

---

1) Den Rauch muß man der Wärme wegen leiden. (cz.)
Wer nicht den Rauch aushält, erwärmt sich nicht am Feuer. (ill.; g. ä. f.)
Die Wärme lieben und den Rauch leiden. (r.)
2) In jedem Baum ist ein Knoten, wenn nicht inwendig, so an der Rinde. (sa.)
Wer Fleisch kauft, kauft Knochen, und wer Land kauft, kauft Steine. (engl.)
Wo giebt es Fische ohne Gräten und Fleisch ohne Knochen? (lit.)
Es giebt kein Mehl ohne Kleie, noch eine Nuß ohne Schale, noch einen Baum ohne Knoten, noch Getreide ohne Stroh, noch einen Menschen ohne Mangel. (sp.)
3) Kein Brod ohne Müh', kein Gut ohne Haß. (frz.)
4) Kein Gut ohne Pein. (it.)
Kein Gewinn ohne Mühe. (engl.)
5) Wie es kein Getreide ohne Stroh, keinen Wein ohne Hefe, keine Rose ohne Dornen giebt, so giebt es auch keine Freude ohne Trauer, und kein Lachen ohne Weinen. (it.)
6) Wer nicht wagt, ist ohne Reichthum. (tr. u. kro.)
Wer nicht wagt, bekommt weder Pferd, noch Maulthier. (frz.)
Wer nicht wagt, erhebt sich nicht hoch. (p.)

Wo die Gefahr nicht ist, ist auch der Ruhm nicht. (piem.) [1]

Daß die Gefahr nirgends unüberwindbar, der Ruhm nirgends unerreichbar sei, nimmt der Praktikus als Gewißheit an, denn, sagt er:

Muthigem Herzen ist Nichts unmöglich. (frz.) [2]

und:

Wer will, der kann. (d.) [3]

Wille thut Alles. (v.) [4]

Wille geht vor Gold. (d.)

Wo ein Wille ist, da ist ein Weg. (engl.) [5]

Allerdings muß es ein ächter, ordentlicher Wille sein. Von denen, die nutzlos wollen, sagt der Lette sehr richtig:

Ein Könner gilt mehr, als zehn Woller,

doch ebenso wahr spricht der Bergamasker:

Nicht genügt Können, gewollt muß werden,

und wollen wird, wer da weiß, denn:

Wissen, Können, Wollen macht 'nen guten Meister. (d.) [6]

---

1) Wo keine Gefahr ist, erwirbt sich kein Ruhm. (v.)
2) Wo Herz, da auch Glück. (p.)
3) Wenn man will, kann man. (m.)
   Wollen ist Können. (frz.)
   Wer recht will, dem ist wohl zu helfen. (d.)
   Dem, der will, ist Nichts unmöglich. (it.)
4) Der Wille ist und thut Alles. (d.)
5) Wer will, dem fehlen die Wege nicht. (engl.)
6) Wissen ist Macht. (engl.)
   Mehr gilt Wissen, als Haben. (sp.)
   Vom Wissen kommt das Können. (v.)

Nur sagt der Praktikus:

Es ist noch kein Meister vom Himmel gefallen.
(b. u. it.) ¹)

Kein Meister wird geboren. (engl.) ²)

Jedes Handwerk hat seine Tücke. (m.) ³)

Zum Anstreichen gehört mehr Kunst, als Schmutz an die Mauer werfen. (engl.) ⁴)

Erst macht man die Flügel, und dann fliegt man damit. (v.) ⁵)

denn:

Man soll nicht eher fliegen wollen, als bis man Federn hat. (b.) ⁶)

Ihr müßt kriechen lernen, bevor Ihr geht. (engl.)

Wer die Leiter hinauf will, muß mit der untersten Sprosse anfangen. (b.) ⁷)

Wenn das Kind nicht lallen wollte, würd' es auch nicht sprechen lernen. (lett.)

Der Baum muß blühen, bevor er Früchte trägt. (bä.)

---

1) Es ist noch kein Doktor vom Himmel gefallen. (b.)
Es fällt kein Meister (Doktor) vom Himmel. (b.)
Kein Gelehrter ist vom Himmel herabgefallen. (cz.)
Es wächst kein Weiser aus der Erde, und es fällt kein Narr vom Himmel. (lett.)
Auch der Papst ist ein Schüler gewesen. (b.)
2) Es wird Keiner als Meister geboren. (it.)
Es ist kein Meister geboren, er muß gemacht werden. (b.)
Keiner wurde als Weiser geboren. (cz.)
3) Im geringsten Handwerk ist ein Geheimniß. (engl.)
4) Wer Spitzen kauft, bevor er sie zusammenlegen kann, wird es bereuen, bevor er sie verkauft hat. (engl.)
5) Erwirb Flügel, dann fliege. (ill.)
6) Wer zu früh will Herr werden, muß lange Knecht sein. (b.)
7) Wer eine Leiter sicher hinaufsteigen will, muß bei der ersten Sprosse beginnen. (engl.)
Wer aufsteigen will, muß unten anfangen. (b.)

Die Orange muß grün sein, bevor sie reif wird. (neg. engl.)

Man muß Schiffsjunge gewesen sein, ehe man ein Schiff befehligt. (dä.) ¹)

Sehr natürlich, jeder Vernünftige weiß es:

Uebung macht den Meister. (b.) ²)

Die Arbeit lehrt den Arbeitenden. (lett.)

Schmiedend wird man Schmied. (frz.)

Durch Singen lernst du singen. (lett.) ³)

Aber:

Keiner ist seines Handwerks am ersten Tage Meister, (engl.)

vielmehr heißt es:

Ein Geiger zerreißt viel Saiten, eh' er Meister ist. (b.) ⁴)

Und doch:

Mancher will Meister sein und ist kein Lehrjunge gewesen, (r.)

und:

Mancher will fliegen, eh' er Federn hat. (b.) ⁵)

Dem sagt dann der Praktikus kurz und bündig:

Wer nicht spielen kann, soll zusehen. (b.) ⁶)

Wer nicht tanzen kann, soll nicht auf den Ball gehen, (frz.) ⁷)

und:

---

1) Man muß gehorcht haben, um des Befehlens würdig zu sein. (frz.)
Niemand kann wohl Herr sein, er sei vorher Diener gewesen. (b.)
Wer's machen kann, kann befehlen. (l.)
2) Uebung macht Vervollkommnung. (engl.)
Der Verstand schärft sich durch Uebung. (cz.)
3) Durch Schreiben lernst du schreiben, lernend lehren. (lat.)
4) Ein Lautenist bricht viel Saiten, eh' er Meister ist. (b.)
5) Er will fliegen, eh' er flügg' ist. (b.)
6) Schlimm ist's, Karten spielen und die Trümpfe nicht kennen. (r.)
7) Hast du nicht Pfeil' im Köcher, mische dich nicht unter die Schützen. (b.)

Wer nicht kochen kann, soll aus der Küche bleiben. (b.)¹)

Dergleichen Zurechtweisungen der Eigenliebe helfen nur nicht viel, sie steht sehr fest, eine ächte und rechte Eigenliebe: es bringt sie kein Stoß so leicht aus dem Gleichgewicht, möge selbst die kräftigste Hand ihn führen. Das weiß der Praktikus auch recht wohl:

Jedem gefällt das Seine. (b.)²)

Jedem Löffel gefällt sein Stiel. (p.)

Jedem scheint schön, was ihm gehört. (ngr.)³)

Jeder hält seine Gänse für Schwäne. (engl.)⁴)

Jeder meint, sein Kukuk singe besser, als des Andern Nachtigall. (b.)⁵)

Jeder hält sein Blei für Silber. (lett. u. r.)⁶)

Jeder hält sein Stroh für Heu, und des Andern Heu für Stroh. (b.)

Jedem dünkt der eigne Rauch heller, als des Nachbarn Feuer. (lett.)⁷)

Sogar:

Jeder Teufel spielt auf seiner Flöte. (kr.)

Jedem Narren gefällt seine Kappe, (frz.) (sp.: Keule).

---

1) Was du nicht verstehst, laß sein und laß dich nicht ein damit. (cz.)
2) Jeder liebt das Seine. (olf.)
   Jeder erfreut sich am Seinen. (kro.)
3) Jedem ist das Seine das Schönste. (p.)
   Mein Kram ist der schönste. (cz.)
4) Jedem dünkt seine Eule ein Falk. (b.)
5) Seine Eier sollen mehr gelten, als anderer Leute Hühner. (b.)
   Rascher ist sein Esel, als des Andern Araber. (f.)
6) Jeder hält sein Kupfer für Gold. (b.)
7) Unser Rauch ist leichter, denn Anderer Feuer. (b.)

und vor Allem:

> Jedem Vögelchen gefällt sein Nestchen. (sp.) ¹)

Wie könnt' es auch anders sein?

> Jeder Vogel in seinem Nest
> Besser singt, als in Nachbars Nest; (m.)
>
> Jeder Vogel hat sein Nest lieb; (b., v. u. cz.) ²)
>
> Jede Ameise liebt ihr Loch; (m.)
>
> Jeder Fuchs liebt seinen Bau, (t.)

und auch den Menschen läßt das Sprichwort sagen

Eigner Herd
Ist Goldes werth,
(b.) ³)

denn:

> Eigen Feuer und Herd kocht wohl. (b.)
>
> Eigne Lohe macht die Stube warm, (r.)

und selbst:

> Der Rauch in meinem Hause ist mir lieber, als des Nachbarn Feuer. (sp.) ⁴)
>
> Die eigne Holzfackel leuchtet besser, als die fremde Kerze. (esth.) ⁵)
>
> Besser unter seinem Strohwisch, als unter fremdem Dach. (olf.) ⁶)

---

1) Jedem Vogel dünkt sein Nest schön, (frz. u. it.) (b.: gefällt sein Nest).
2) Jede Schwalbe lobt ihr Nest. (bulg.)
3) Eigner Herd ist weit kostbarer, als Gold. (lat.)
4) Das Stroh auf dem eignen Herd wärmt mehr, als das Holz in Nachbars Ofen. (r.)
5) Der Mondschein, der in meine Stube fällt, ist mir lieber, als der Sonnenschein, der deinen Garten trifft. (ojchl.)
6) Besser ist es, in seinem Hause mit Sorge wohnen, als in Anderer mit Freude. (isl.)

Zu Haus ist zu Haus, und sei es unter dem Halme. (lit.) ¹)

Es giebt kein kleines Zuhause. (frz.) ²)

Es giebt kein Haus wie das eigne. (ill.)

In Italien, wo es so sehr gute alte Mütter giebt, heißt es bezeichnend:

Das Haus ist lieb, wie die Mamma, (t.)

oder:

Haus mein, Mamma mein. (b.)

Der Bergamasker setzt noch hinzu:

Haus mein, Haus mein,
Eng' bist, aber ganz mein!

und bestätigt damit den naiven Ausruf des Deutschen:

Eigen 'was,
Wie gut ist das! ³)

Gut ist's, im eignen Garten zu grasen. (isl.)

Unser Kohl
Schmeckt wohl. (b.)

Kraut ißt man aus seinem eignen Garten am sichersten, (f.)

denn:

Von einem Kraut, das man kennt, bekommt man keinen Kopfschmerz, (f.)

wenn man auch nicht mit dem Letten bis zu der Behauptung gehen mag:

---

1) Heim ist heim, sei es noch so einfach. (engl.)
  Derhäm, derhäm ist doch derhäm. (Henneberg.)
2) Haus mein, Haus mein,
  Seiest du auch noch so klein,
  Scheinst mir ein' Abtei zu sein. (it.)
  Ist auch mein Schlößchen klein, so bin ich doch Kastellan darin. (f.)
3) Besser, wenig eigen Gut, als viel anderes Gut. (isl.)
  Eigen Haus und wenig mehr. (m.)
  Eigne Küche besser, als fremder Palast. (mag.)

Beſſer, eignen Schierling, als die fremde Peterſilie.

Da ſtimmt man ſchon eher dem Ruſſen bei, wenn er meint:

Eigner Kohl gilt vor fremdem Salat,

oder:

Mein Kleeſchlag gilt vor deinem Weizenfeld.¹)

Wieder äußert der Eſthe ſich allzu „eigenthümeriſch" in ſeinen Verſicherungen:

Beſſer, der eigne Moraſt, als die fremde See,

und:

Das eigne Sumpfwaſſer ſchmeckt reiner, als das fremde Quell=
waſſer;

dagegen iſt meiſtentheils das Wort des Letten wahr:

Eigner Brunnen giebt klares Waſſer,

indem er durch immerwährendes Schöpfen nicht aufge=
rührt wird, und völlig einverſtanden dürfte man mit der Meinung des Ruſſen ſein:

Eignes Bett wärmt am meiſten.²)

Der Bulgare erklärt:

Ein eigner Rock wärmt mehr, als ein geborgter Pelz,³)

und der Finne:

Beſſer, die eigne Robbe, als das fremde Wallroß;⁴)

---

1) Jedem dünkt der eigne Hanf beſſer, als des Nachbarn Flachs. (r.)
2) Anb'rer Leute Bettdecke wärmt nicht vor Kälte. (neg. engl.)
 Beſſer, ein eigner Strohſack, als ein fremdes Bett. (lett.)
3) Eignes Hemb hält wärmer, als fremder Pelz. (r.)
 Ein geborgter Mantel hält nicht warm. (äg. ar.)
4) Beſſer, die eigne Wanne, als ein fremdes Faß. (r.)
 Meine Gießkanne iſt mir lieber, als dein Beet. (lett.)
 Das Dotter meines Ei's iſt mir lieber, als der ganze Hühner=
ſtall auf dem Gutshofe. (r.)

am einstimmigsten aber drückt sich der Widerwille gegen das fremde Brod aus:

> Eigen Brod nährt am besten. (d.)

> Das Brod des Hauses ist das beste. (d.)

> Das Brod außer dem Hause, zu sehr gebacken, oder: zu sehr gesalzen. (m.)

> Brod, das mit frembem Messer geschnitten ist, schmeckt nicht gut. (lit.)

> Besser, Schwarzbrod im eignen Hause, als Weißbrod in Anb'rer Haus. (sa.) [1])

Damit kommen wir wieder auf das eigne Haus zurück, diesen unschätzbaren Besitz, von dem der Afrikaner sagt:

> Wer kein Haus hat, hat keine Stimme in der Gesellschaft,

und der Italiäner:

> Wer kein Haus hat, hat keine Heimath.

Mit Wahrheit spricht der Engländer:

> Mein Haus mein Schloß ist, [2])

und der Toskaner, gleich dem Franzosen, männlich selbstbewußt:

> In seinem Hause ist ein Jeder König. [3])

> Jeder Prediger kann auf seiner Kanzel reden. (pers.)

> Jeder Mann ist ein Löwe in seiner eignen Sache. (scho.)

---

1) Besser ist eignes Kaffbrod (mit Spreu vermischtes Brod), als fremdes reines Brod. (esth.)

2) In meinem Hause befehle ich. (m.)
   Mein Haus, mein Wille. (kro.)
   Dein Haus, auch dein Wille. (r.)
   Unser ist das Haus, und unser das Gespräch. (äg. ar.)

3) Jeder ist Herr in seinem Hause. (isl.; g. ä. cz.)
   Jeder Hausherr ist zu Hause Herr. (p. u. s.)
   Der Köhler ist Herr daheim. (frz.)
   Alle sind Herren in ihrem Hause. (v.)

Jeder Hund ist Löwe in seinem Hause. (it.) ¹)

Jeder Hund, der in seiner Straße bellt, ist ein brüllender Löwe. (perſ.)

Jedes Hundchen ist Hund vor seiner Pforte. (corſ.) ²)

Jeder Hund bellt vor seiner Thür, jeder Löwe ist stolz in seinem Walde. (ar.) ³)

Alle Hunde bellen auf ihrem Strohhaufen. (v.) ⁴)

Jeder Hahn ist stolz auf seinem Düngerhaufen. (engl.; g. ä. r.) ⁵)

Jede Gluckhenne ist auf ihrem Neste stark. (ſ.)

Der Fuchs beißt am schärfsten aus seinem Loche. (Mrk.)

Darum:

> Haſt du ein Haus,
> So denk' nicht b'raus. (b.)

Wer Gemach haben will, bleibe zu Hause. (h.) ⁶)

Um zufrieden zu leben, muß man im eignen Hause leben. (v.) ⁷)

Unter eignem Dach kann man am sichersten sein. (lat.) ⁸)

---

1) Jeder Hund ist kühn in seinem Hause. (perſ.)
   Jeder schlechte Hund bellt in seinem Hause. (t.)
   Der Hund ist stark im Hause seines Herrn. (neg. frz.)
2) Jeder Hund taugt 'was auf seiner Schwelle. (corſ.)
3) Jeder Hund bellt, der vor seiner Thür ist, (al. ar.) (perſ.: an seiner Thür).
   Jedes Hündlein bellt auf seinem Hofe. (bulg.)
4) Auf seinem Miste ist der Hund dreist. (frz.)
   Der Hund ist freudig (tapfer, stolz) auf seinem Miste (Hofe). (b.)
5) Der Hahn ist am kühnsten auf seinem Kehricht. (cz.)
   Kühner ist der Hahn auf seinem Kehricht, als an fremdem Thor. (p.)
   Der Hahn kräht am liebsten auf seinem Kehricht. (cz.)
6) Man bediene sich des Wägelchens von Hans Zuhausbleiben. (h.)
7) Wer sich wohl befinden will, darf nicht aus seinem Hause gehen. (it.)
8) Wer will meiden Ungemach,
   Bleibe unter seinem Dach. (b.)

Lebe dir und bleibe daheim, (d.) ¹)

eingedenk der Sprüche:

Daheim ist Einer viel Mannen werth, (d.) ²)

und:

Ost, West,
Zu Haus best. (engl., h. u. d.)

Selbstverständlich ist hier das Daheim oder Zuhause nicht blos in dem engen Sinn des „eignen Herdes," sondern in der umfassenden Bedeutung des Vaterlandes, des Geburtsortes, genug, der eigentlichen Heimath genommen, von welcher der Holländer treffend ausruft:

Weh, der in einem schlimmen Lande geboren ist! ³)

Ist's auch anderswo besser, er will doch wieder hin, denn:

Das Vaterland ist ein starkes Zugpflaster. (d.) ⁴)

Wo man geboren ist, gefällt jeder Grashalm. (d.) ⁵)

Ein Vögelchen ist gern, wo es gebrütet, ein Hase, wo er geworfen ist. (h.) ⁶)

Der Rauch im Vaterlande ist mehr werth, als Feuer in der Fremde. (agr.)

---

1) Die Schildkröte will keinen Streit, darum trägt sie ihr Haus auf dem Rücken (d. h. sie bleibt für sich). (neg. engl.)
2) Daheim gilt ein Mann Zween. (d.)
   Wo die Fichte gewachsen ist, da ist sie auch schön. (r.)
   Das Geld gilt dort am meisten, wo es geschlagen ist. (olj.; g. ä. cj.)
   Wo das Silber geprägt wird, da hat es auch Werth. (f.)
3) Wehe dem Vogel, der in schlechtem Thale zur Welt kam! (it.)
4) Sein Vaterland ist Jedem das liebste. (p.) (cj.: und mir das meine).
5) Ein Stiefel aus deinem Lande, sei er selbst geflickt. (ngr.)
6) Der Vogel, welcher auf dem Berg von Orhi (ein fast stets mit Schnee bedeckter Gipfel der Pyrenäen) groß wurde, gefällt sich nur dort. (ba.)

Beſſer zu Haus Brobrindchen, als Butter in der Fremde. (eſth.)¹)

Anderland, Schwarzbeere; Eigenland, Erdbeere. (fin.)

Frember Rauch beißt die Augen. (lit.)²)

In der Fremde bellt der Hund ſieben Jahre nicht. (hbr.)

Der Fremde hat eine harte Hand. (ba.)

Daheim iſt gut gelehrt ſein. (d.)

aber:

Draußen Ruhm erlangen, koſtet Schnaufens. (d.)

Daher ſpricht der Perſer:

Ich gehe in meinen eignen Ort, wo ich mein eigner Herr bin;

der Baske ſagt zu der alten Frau, die noch Wander= wünſche haben ſollte:

Alte, haſt du Eile zu ſterben, ſo gehe in ein fremdes Land;³)

der Oberlauſitzer ermahnt:

Lobet das Draußen, bleibet drinnen,⁴)

und faſt alle Slaven behaupten, gleich dem Magyaren:

Ueberall gut, aber daheim am beſten.⁵)

Dieſe conſervative Stabilität lehrt der Praktikus noch in manchem andern Spruche, z. B. gleich in dieſem:

---

1) Beſſer trocknes Brod daheim, als Braten in der Fremde. (engl.)
   Beſſer zu Hauſe ein Ranft Brod, als in der Fremde eine ganze Kuh. (cz.)
2) Was der Menſch nicht kennt, haßt er. (tü.)
3) Ortswechſel iſt Tod für die Alten. (ba.)
   Ein alter Baum iſt ſchwer zu verpflanzen. (d.)
4) Rühme fremdes Land, aber verlaß nicht dein eignes. (oſchl.)
5) Nirgends, wie zu Hauſe. (p.)
   Am Don iſt's ſchön, aber daheim iſt's beſſer. (r.)
   Binde mir Hände und Füße, und wirf mich zwiſchen die Meinen. (it.)

Wer gut sitzt, der rücke nicht. (b.)[1]

Wer in Ruhe sitzt, suche nicht Unruhe. (it.)

Wer unter Dach sitzt, wenn's regnet, ist thöricht, wenn er sich rührt. (ba.)

Denn:

Wer bleibt, der blüht. (Köln.)

aber:

Was sich viel rührt, wächst nicht an. (b.)

Ein oft verpflanzter Baum gedeiht nicht. (lat.)[2]

Wälzender Stein begraset nicht. (b.)[3]

Stein, der aufschlägt, setzt kein Moos an. (Pat.)

Ein oft gehobener Stein grünt nicht ein. (lett.)

Darum:

Wer sein Gewerbe ändert, macht Suppe im Korbe. (engl.)[4]

Immer neu Werg an die Kunkel, giebt wenig Gespinnst. (b.)

---

1) Wer sich wohl fühlt, rühre sich nicht. (it.)
2) Oft verpflanzter Baum trägt selten Frucht zum Pflanzen. (frz.)
   Versetzte Pflanze wächst langsam. (p.)
3) Stein, der sich oft rührt, bewächst nicht. (cz.)
   Stein, der oft bewegt wird, bewächst nicht mit Moos. (p. u. s.)
   Gewälzter Stein wird nicht moosig. (b.)
   Ein rollender Stein setzt kein Moos an. (engl., frz. u. it.)
   Ein gerollter Stein wird nicht mit Moos überzogen. (lat.)
   Beweglicher Stein, nie bedeckt ihn Moos. (sp.)
   Beweglicher Stein bewächst nicht mit Moos. (esth.)
   Auf einem Stein, der fliegt, wächst kein Moos. (Sibirien.)
   Als Gegensatz heißt es:
   An einem Orte bewächst auch der Stein mit Moos. (r.)
   und:
   Liegender Stein bemoost. (klr.)
4) Viele Handwerke verderben den Meister. (b.)
   Ein Mann mit hundert Handwerken ist immer ein großer Dummkopf. (m.)

Wer die Herren wechselt, bleibt Diener. (wal.) ¹)

Vielerlei Amt, vielerlei Unglück. (lett.)

Fünf Aemter, sechs Mängel. (fin.) ²)

Siebenerlei Handwerk, siebenerlei Unglück. (lett.) ³)

Neunerlei Handwerke, achtzehnerlei Unglücke. (b.) ⁴)

Zehn Handwerke, das elfte der Bettelstab. (b.) ⁵)

Zwölf Handwerke, vierzehn Unglücke. (Pic.) ⁶)

Vierzehn Handwerke, funfzehn Unglücke. (isl. u. b.)

Ebenso bedrohlich heißt es:

Viel Umziehen kostet viel Bettstroh. (h.) ⁷)

und:

Drei Mal umziehen ist so gut, wie ein Mal abbrennen. (frz. u. b.)

Deshalb der freundschaftliche Rath:

Das Alte
Behalte,

denn:

Besser unter einer alten Hecke bleiben, als unter einen neuen Ginsterbusch kriechen. (engl.) ⁸)

und:

Bekannte Bahn und alte Freunde sind die besten. (b.) ⁹)

---

1) Fahrender Schüler bleibt fahrender Schüler. (b.)
2) Fünf Handwerke, das sechste Hunger. (esth.)
3) Sieben Handwerke und vierzehn Unglücke. (p.)
4) Neunerlei Handwerke, das zehnte Bettelei. (cz. u. olf.)
5) Zwanzig Handwerke und ein halb Brod. (b.)
6) Zwölf Handwerke, dreizehn Unglücke. (Mrl.)
7) Der Umzug aus einem Haus in's and're kostet ein Kleid, aus einem Land in's and're kostet er ein Leben. (hbr.)
8) Man kann lange unter einem alten Zaune liegen, ehe er umfällt. (Mrl.)
9) Alte Freunde und Wege soll man nicht verlassen. (b.)
  Ein alter Weg, ein alter Freund. (esth.)
  Alte Freunde sind die besten. (b.)

8*

Der Franzose ist für:
> Alte Freunde und alte Thaler; ¹)

der Bergamasker findet:
> Der Freund und der Wein sind alt immer besser; ²)

der Däne meint:
> Oel, Wein und Freunde sind alt am besten;

der Mailänder will:
> Alten Freund und neues Haus,

wohl weil der Deutsche sagt:
> Neuem Freund und altem Haus ist nicht zu trauen.

Der Deutsche seinerseits ermahnt:
> Alte Freunde und alte Wege soll man in Würden halten, ³)

denn:
> Wer den alten Weg um des neuen willen verläßt, findet oft, daß er irre gegangen. (it.)

und wie leicht muß von Einem, der alte Freundschaft nicht zu schätzen wußte, achselzuckend gesagt werden:
> Er gab einen Freund auf, und bekam keinen andern. (perf.)

Vor Allem dringend aber wird uns anempfohlen:
> Alte Gewohnheit soll man nicht brechen. (b.)

---

1) Alter Freund, alter Wein, altes Geld,
   Führen den Preis in aller Welt. (b.)
   Alter Freund und alter Wein ist am besten. (cz.)
   Halte dich an alten Wein und alten Freund. (s.)
2) Alter Freunde, alten Weins und alter Schwerter soll man sich getrösten. (b.)
3) Alte Freunde soll man nicht verlaufen, denn man weiß nicht, wie die neuen gerathen. (b.)
   Ueber die neuen Freunde vergiß der alten nicht. (p.; g. ä. lat.)
   Ein alter Freund ist besser, als zwei neue. (r.)

indem der Venetianer versichert:

Es ist besser, einen Ort verbrennen, als einen Gebrauch lassen.

Sagt nun der Deutsche:

Alte Schuh verwirft man leicht, alte Sitten schwerlich,

so ist das dem Praktikus abermals nicht zu Sinn, er eifert:

Man muß seine alten Schuhe nicht wegwerfen, ehe man neue hat. (b.) ¹)

Man muß unreines Wasser nicht eher ausgießen, als bis man reines hat. (b.) ²)

Man muß es:

Machen wie der Papagei, der niemals die Kralle losläßt, wenn er nicht erst den Schnabel eingehalt hat. (it.) ³)

Sieht man sich jedoch gehörig vor, so ist der Praktikus durchaus nicht ein Feind jeglicher Abwechselung, im Gegentheile giebt er zu:

Veränderung von Weide macht fette Kälber. (engl.) ⁴)

Veränderte Speise schmeckt wohl. (h.)

Oft wechselt man mit dem Himmel das Glück. (it.)

Auch dem Neuen spricht er nicht alle Vorzüge ab, sondern sagt:

Neue Besen kehren gut, (b.) ⁵)

---

1) Wirf die alten Schuhe nicht weg, ehe du neue hast. (neg. engl.)
 Wirf das alte Kleid nicht weg, ehe du das neue bereit hast. (p.)
2) Gieße das alte Wasser nicht fort, während das neue kommt. (scho.)
3) Lösch' nicht das Licht, welches man nicht wieder anzünden kann. (lett.)
4) Veränderung von Weide thut den Kühen gut. (h.)
5) Neue Besen fegen gut, (cz. u. kr.) (f.: schön).
 Ein neuer Besen kehrt rein, (engl.) (it.: das Haus gut).

freilich nicht ohne den Vorbehalt anzuhängen:

> Aber die alten fegen die Hütten rein.

Ebenso muß es in ironischem Sinne gedeutet werden, wenn der Franzose Einen, der sich ungemein beeifert, mit der Bemerkung schildert:

> Er spielt den neuen Besen,

selbst wenn er nicht bei einem neuen Günstling, Schütz= ling oder Liebling zu äußern pflegte:

> Das ist ein neuer Besen, den man bald hinter die Thür wer- fen wird; [1])

der Venetianer bemerkt mit gleichem Spott:

> Neuer Verwalter drei Tage gut,

aber während dieser drei Tage ist auch die Herrlichkeit groß:

> Vom Neuen ist Alles schön. (l.) [2])
>
> Neues Sieb hängt man an den Nagel. (mag., r., f. u. bulg.) [3])

Jeder neue Besen fegt gut. (cz.)
Neuer Besen fegt das Haus gut. (parm.)
Neuer Besen kehrt gern. (Pic. u. fro.)
Neuer Besen, schöner Besen. (b.)
Es geht Nichts über einen neuen Besen. (frz.)
1) Neue Besen kehren wohl,
   Bis daß sie werden Staubes voll. (b.)
2) Ganz neu, ganz schön. (frz.)
   Alles Neue erscheint schön. (frz.)
   Neukommen, willkommen. (b.)
3) So lange das Sieb neu ist, hängt man's an den Nagel. (wal.)
   Mein neues Sieb, wo häng' ich dich hin? (ngr.)
   Das neue Sieb hängt an neuem Nagel. (lat. u. p.)
   Neues Sieb siebt allein. (f.)
   Den neuen Durchschlag an den Nagel, den alten unter die
      Bank. (p., kr. u. kro.)
   Die alte Peitsche legt man unter die Bank, und die neue
      hängt man auf. (r.)
   Neuen Hut hängt man an den Nagel. (cz. u. oschl.)

Junges Wälschkorn schmeckt süß. (neg. engl.) ¹)
Ein neuer Topf erhält das Waſſer kühl. (perſ.) ²)
Ein neuer Diener fängt viel Wild. (hb.) ³)
Neue Regenten können elf Kegel ſchieben, (b.)

und obgleich wir die Warnung haben:

Neue Herrſchaft, neue Lehrzeit, (b.) ⁴)

ſo hilft es doch Nichts:

Neue Schuh' und neue Fürſten hat man lieber, als die alten; (b.) ⁵)
Der neue Podeſtà ſchickt den alten weg; (b.)
Die neuen Heiligen ſchieben die alten bei Seite, (t.) ⁶)

und:

Neue Lieder ſingt man gern; (b.)

denn:

Das Alte klappert, das Neue klingt; (b.)
Die alten Heiligen thun keine Wunder mehr, (b.)

und:

Es beten mehr der Sonne Aufgang an, als ihren Untergang.
(b., engl. u. frz.)

Das Neue, wovon der Praktikus abſolut Nichts wiſſen will, das ſind die Neuvornehmen und die Neureichen. Derb erklärt er:

**Kein Meſſer iſt, das ſchärfer ſchiert,
Als wenn der Bauer ein Edelmann wird. (b.) ⁷)**

---

1) Brod von einem Tage, Ei von einer Stunde. (it.)
2) Neue Töpfe kochen gut. (b.)
3) Neue Diener ſind geſchwind. (perſ.)
4) Neue Herren machen neue Geſetze. (b.)
5) Neue Schuh' und neue Beamte liegen härter an, als die alten. (b.)
6) Wenn ein neuer Heiliger kommt, ſo vergißt man der alten. (b.)
7) Es iſt keine Klinge, die ſchärfer ſchiert,
   Als wenn der Bettler zum Herren wird. (b.)

Wer ist der härteste von allen Herren? Der aus Nichts ein Herr ward. (ba.) ¹)

Wenn der Bauer auf's Pferd kommt, so reitet er schärfer, als der Edelmann. (b.) ²)

He! was sitzt der Bauer auf dem Pferde! Wie die Mutter Gottes auf einem Esel! (plattb.) ³)

Wenn der Bettler ein Reiter wird, so jagt er sein Pferd zu Tode. (engl.) ⁴)

 Wird der Bauer ein Edelmann,
 So guckt er den Pflug mit Brillen an. (b.)

Der reichgewordene Bauer kennt die Verwandtschaft nicht. (it.) ⁵)

Wenn der Arme reich wird, so geht das Dorf zu Grunde. (afr.)

Wenn der Arme Dorfrichter wird, so ist es für den Reichen Zeit, die Gemeinde zu verlassen. (tat.)

denn:
Die von Noth zu Brod kommen, das sind die schlimmsten. (Mrl.) ⁶)

---

1) Schärfer ist Nichts, als ein Niedriger, wenn er in die Höhe steigt. (lat.)
2) Setzt einen Bettler auf's Pferd, und er wird Galopp reiten. (engl.)
 Wenn ein Bettler auf's Pferd kommt, so kann ihm kein Teufel mehr voreilen. (b.)
3) Kommt der Bettler auf den Gaul,
 So wird er stolz wie König Saul. (b.)
4) Weh den Eseln und den Pferden,
 So die Bettler Reiter werden. (b.)
5) Ein reicher Bauer kennt seine Verwandten nicht. (b.)
 Ritter, mach' deinen Sohn zum Herzog — er kennt dich nicht mehr. (ba.)
6) Es giebt nichts Stolzeres, als einen Reichen, der arm gewesen ist. (frz.)
 Es giebt keinen schlimmeren Abt, als den, welcher Mönch gewesen ist. (frz.)
 Wenn das Kupfer zu Messing wird, nimmt es den Stolz des Goldes an. (lett.)

und, wie Pole und Kleinrusse sagen:

Ein reicher Bauer ist wie ein gehörnter Ochse,¹)

weshalb wohl der Litauer das Geständniß, er sei nicht reich, in den Worten zu thun pflegt:

Ich bin nicht gehörnt.

Auch wenn der Bauer Bauer bleibt, sagt das Sprichwort ihm als Herrn nichts Gutes nach, wie es überhaupt vor der Herrschaft der Kleinen eine gewaltige Furcht hat.

Es ist besser zum Schmied, als zum Schmiedlin,²)

sagt es in Baiern, und fügt auf lettisch erklärend hinzu:

Ein Huf beim Schmieblein kostet so viel, wie vier Hufe beim Schmied.

Dann versichert es auf ägyptisch-arabisch:

Die Tyrannei der Katze ist besser, als die Gerechtigkeit der Maus (welche Alles ohne Unterschied auffrißt);

abermals auf lettisch:

Bauernscheeren ist ärger, denn Herrenschinden,³)

und:

Besser zehn stolze Herren, als ein stolzer Knecht,⁴)

weshalb es im Deutschen heißt:

Lieber vom Herrn gekauft, als vom Knechte;

im Französischen:

---

1) Wenn ein Donglo reich wird, wird er toll. (afr.) (Odonlo ist ein Negerstamm im Innern, der sich durch Dummheit und Rohheit auszeichnet.)
2) Beim Wirthe zehrt man baß, denn beim Wirthlein. (b.)
3) Oft sind die Bäche schlimmer, als die Ströme. (r.)
4) Der Zaun ist stolzer, als der Garten. (lett.)
   Der Golf ist stolzer, als das Meer. (r.)

Es ist besser zu Gott reben, als zu seinen Heiligen,¹)

und im Tamulischen:

> Warum sich an den Pfeil halten, wenn der Schütze gegenwärtig ist?

Diese Furcht vor „kleinen Herren" erscheint um so begründeter und gerechtfertigter, je weniger das Sprichwort den „großen Herren" günstig ist. Denn es sagt ohne alle Umschweife:

Mit großen Herren ist nicht gut Kirschen essen. (b., cz., kro. u. fr.)²)

> Säe nicht Bohnen mit dem, der dir überlegen. (ngr.)³)

> Wer des Sultans Suppe ißt, verbrennt sich die Lippen, und wär' es auch erst nach langer Zeit. (äg. ar.)

> Ein einziges Mal kann man mit dem Bürgermeister essen, (plattd.)

aber öfter ist's nicht gesund:

> Der Reichen Küche gedeiht nicht Jedem. (olf.)

oder:

---

1) Besser ein Herr, als ein Herrlein. (cz.)
Nicht sind so schlimm die Herren, wie die Herrlein. (klr.)

2) Mit großen Herren ist nicht gut Kirschen essen, sie werfen Einem die Stengel in's Gesicht. (b.) (Eif.: sie werfen Einen mit den Steinen).
Iß keine Kirschen mit großen Herren, sie werfen dir die Steine an die Nase. (bä.)
Iß nicht Kirschen mit Großen, mit den Steinen werfen sie die Augen aus. (r.)
Die Kirschen mit großen Leuten essen, denen werden die Augen mit den Steinen ausgeworfen. (engl.)
Nicht gut, mit großen Herren aus einer Schüssel Kirschen essen. (s.)
Knacke nicht mit dem Teufel Nüsse. (p. u. g.)

3) Spiele nicht mit dem Herrn Karten, laß dich nicht (mit ihm) in Wetten ein, und leihe ihm kein Geld. (p.)

Wer mit den Reichen ißt und trinkt, läuft Gefahr, hungrig vom Tisch aufzustehen. (ngr.)

Darum sagt der Isländer:

Besser Kohl in der Hütte, als Fett im Herrenschlosse,

und der Lette:

Der Umweg, den du um den Herrenhof machst, bringt sich dir ein.

Als Grund für diese letzte Versicherung giebt der Esthe an:

Die Dielen im Herrenhause sind glatt;¹)

der Oberschlesier:

Herrengunst reitet auf einem scheckigen Pferde;²)

der Pole:

Herrengunst ist Glas,³)

und der Deutsche:

Herrenfeuer wärmt und brennt,⁴)

oder:

Bei großen Oefen ist gut sich wärmen, sie bedürfen aber viel Holzes.⁵)

Darauf fährt der Praktikus fort, zu beweisen, wie man nicht immer vom Großen große Erwartungen hegen dürfe:

---

1) Man gleitet auf den Gletschern leicht aus. (bulg.)
   Auf hohen Stühlen sitzt man schlecht. (d.)
2) Herrengunst bis zur Schwelle. (flr.)
   Herrengunst ist eine Zeit mild, die and're bringt sie Streit. (isl.)
   Die Freundschaft der Großen ist wie der Schatten eines Busches: bald verschwunden. (engl.)
3) Herrendienst ist rund. (cichl.)
4) Bei großen Herren kann man sich wohl erwärmen, aber auch verbrennen. (d.)
5) Adler haben große Flügel, aber auch scharfe Klauen. (d.)

Nicht immer jagt man in großen Wäldern große Hirsche. (lett.)

Die höchsten Berge sind nicht die reichsten an Erz. (r.)

Große Bäume geben mehr Schatten, als Frucht. (b. u. it.)

Die großen Ochsen ziehen nicht die größten Furchen. (frz.)

Die großen Fische sind nicht immer die besten. (b.)

Die größten Hummern haben nicht immer das beste Fleisch. (engl.)

Die großen Hummeln sind es nicht, die den Honig erzeugen, sondern die kleinen Bienen. (esth.) [1]

Aus dem letzten Spruche läßt sich schließen, daß der Praktikus das Kleine schätze, und in der That behandelt er es mit ebenso viel Wichtigkeit, als wär' es "was Großes," denn, spricht er:

Kleine Regen legen großen Wind. (b.) [2]

Die kleinen Regen sind es, welche die großen Straßen verderben. (frz.)

Eine kleine Wolke kann einen guten Tag verderben. (bö.) [3]

Die kleinen Flocken häufen mehr Schnee auf, als die großen. (bulg.)

Ein kleines Leck läßt ein großes Schiff scheitern. (r., g. ä. chin.) [4]

Der kleinste Funke kann eine große Feuersbrunst veranlassen. (chin.) [5]

---

1) Von den großen Hummeln kommt der Talg, von den kleinen Bienen das Wachs. (lett.)
2) Kleiner Regen legt großen Staub. (engl.)
   Kleiner Regen macht auch naß. (b.)
3) Aus kleiner Wolke großer Regen. (p.)
4) Ein kleines Leck versenkt ein großes Schiff. (Hrz.)
   Kleine Löchlein machen das Schiff voll Wasser. (b.)
5) Kleiner Funke, großes Feuer. (Hrz.)
   Kleiner Funke erzeugt großes Feuer. (frz.)
   Aus kleinem Funken entsteht großes Feuer. (kr.; g. ä. kro. u. p.)
   Ein Funke kann ein großes Feuer entzünden. (m.)

Kleiner Funke kann eine Stadt anzünden. (t.)

Ein kleiner Haufen kann ein großes Fuder umwerfen. (bä.; g. ä. lett.) ¹)

Kleiner Stein wirft einen großen Wagen um. (it.)

Kleiner Stein verwundet am Kopfe. (tü.) ²)

Kleine Axt fällt wohl große Eiche. (frz.) ³)

Ein kleiner Riß schändet eine große Glocke. (lett.)

Aus kleinen Worten oft großer Zank. (b.)

Das kleinste Insekt kann durch seinen Biß den Tod verursachen. (chin.) ⁴)

Der Eber wird oft von einem kleinen Hunde festgehalten. (lat.) ⁵)

Die Weide ist ein kleiner Baum, aber sie dient dazu, die andern Bäume zu binden. (bä.)

Ein kleiner Köder fängt einen großen Fisch. (ngr.)

Genug:

Kleine Feinde und kleine Wunden verachtet kein Weiser; (b.)

aber auch im guten Sinne spricht der Lateiner:

Verachte nicht die Kraft des Kleinen: durch Geist ist mächtig, wem die Natur die Kraft versagt hat,

denn:

Ein kleiner Körper beherbergt oft eine große Seele. (engl.) ⁶)

---

1) Ein Baumstumpf kann einen ganzen Wagen umwerfen. (lit.)
2) Ein kleines Ding ist in deiner Hand, eben das kann so viel Blut herauslassen. (E.)
3) Kleine Streiche fällen große Eichen. (engl.)
   Kleine Aexte fällen große Bäume. (neg. engl.)
   Kleine Axt zerschneidet großes Holz. (neg. frz.)
   Ein Maulwurf unterwühlt den stärksten Wall. (chin.)
4) Den ungeheuern Ochsen tödtet eine kleine Viper. (lat.)
5) Oft fängt ein kleiner Hund ein großes wildes Schwein,
   Oft kann ein kleiner Feind dem großen schädlich sein. (b.)
6) Kleine Leute haben oft große Herzen. (b.)
   Klein ist die Nachtigall, aber ihre Stimme ist groß. (r.)
   Die Eidechse ist klein, aber ihre Zähne sind scharf. (klr.)

Ein kleiner Mann macht oft einen großen Schatten. (b.) ¹)

Auf kleinem Felde wächst auch Korn. (frz.)

Aus einem kleinen Korn wächst eine große Linde. (lett.)

Von kleinem Grase wächst ein großes Thier. (b.) ²)

Der kleine Fluß kommt schneller zum Meer, als der große. (r.)

Aus einem kleinen Quell kann man auch seinen Durst stillen. (Eif.) ³)

Von kleinen Spänen macht man gutes Feuer. (frz.)

Auf kleinen Pferden kann man auch reiten. (r.)

In kleinen Dosen sind die guten Salben. (frz.) ⁴)

Und gleich Cäsar ist der Praktikus entschieden der Ansicht:

Besser ein kleiner Herr, als ein großer Knecht. (b. u. wal.) ⁵)

Besser der Kopf eines Esels, als der Schwanz eines Pferdes. (engl.)

Besser der Kopf einer Ratte, als der Schwanz eines Löwen. (h.) ⁶)

Besser Eidechsenkopf, als Drachenschwanz. (frz. u. it.)

---

1) Auch kleine Häute
   Decken Leute. (b.)
2) Von kleinen Fischen wird der Hecht groß. (bä.)
3) Aus kleinen Brunnen trinkt man sich ebenso satt, wie aus großen. (b.)
4) In den kleinen Säcken sind die besten Gewürze. (frz.)
5) Besser Dorfoberhaupt, als Stadtanhang. (b.)
   Besser das Haupt der Yeomanry (Freibauerschaft), als der Schwanz der Gentry (Patrizierschaft). (engl.)
6) Besser der Kopf eines Hundes, als der Schwanz eines Löwen. (engl.)
   Hundskopf ist ihm lieber, als Löwenschwanz. (ar.)
   Besser Katzenkopf, als Löwenschwanz. (it.)
   Sei lieber bei den Füchsen das Haupt, als bei den Löwen der Schwanz. (hbr.)

Beſſer Hechtkopf, als Störſchwanz. (it.) ¹)

Beſſer Herr einer Handſchaufel, als Diener eines Schiffes. (v.)

Beſſer Herr eines Teſton (1½ Lire), als Diener einer Million. (piem.)

Sieht Jemand das nicht ein, oder will er's nicht ein=
ſehen, will er lieber ſchwänzeln, als ſein eigner Herr
ſein — wohl, der Praktikus läßt ihn, er kennt der
Menſchheit Schwächen aus Erfahrung, der Praktikus,
und frägt mitleidig achſelzuckend:

Wer ſo blind, wie der nicht ſehen will? (engl.)

Was das Aug' nicht ſehen will,
Da helfen weder Licht, noch Brill'. (b.) ²)

Wenn der Blinde ſich für ſehend hält, dann iſt ihm nicht zu helfen. (lett.)

Daſſelbe wird vom Tauben abſichtlich geſagt, von dem,
auf welchen der Ausdruck des Franzoſen paßt:

Baumwolle in den Ohren haben.

Der ſchlimmſte Taube iſt der, welcher nicht hören will, ³)

ſpricht der Venetianer, und fügt ſchlau hinzu:

Der Teufel will das Cuiabita nicht hören,

nämlich die Oration der Exorciſten, welche mit den
Worten Qui habitat beginnt.

Der Baske frägt in gleichem Sinne:

---

1) Beſſer der Kopf eines Hechtes, als der Schwanz eines Störs. (engl.)
Beſſer Aalkopf, als Störſchwanz. (v.)
2) Was helfen Kerz' und Brill',
Wenn die Eule nicht ſehen will? (h.)
Die Katze von Maſino machen, welche die Augen ſchloß, um die Mäuſe nicht zu ſehen. (it.)
3) Ein ſchlimmer Tauber iſt der, welcher nicht hören will. (it.)

Wer wird sich Mühe geben, den zu heilen, der zum Vergnügen krank ist?

Der Russe spricht:

Der wahre Kranke ist der, welcher nicht geheilt werden will,

und der Italiäner und der Franzose seufzen:

Verstocktem Herzen hilft keine Lehre.

Nachsichtig erweist der Praktikus sich desgleichen, wenn Einer „Etwas hermacht," es sehen läßt, daß er's hat —: warum nicht? frägt der Praktikus:

Wer's Kreuz hat, der segnet sich. (b.)

Wessen die Kuh ist, der faßt sie beim Kopf. (h.) ¹)

Wer den Rührlöffel in der Hand hat, macht die Suppe (v.: die Polenta), wie er Lust hat. (it.) ²)

Wer das Messer und das Brod in Händen hat, schneidet die Schnitten, wie es ihm gut dünkt. (cors.)

Wer im Rohr sitzt, schneidet sich die Pfeifen, wie er will. (b.)

Wer Stöcke hat, kann Reisigbündel machen. (it.)

Wenn man Mehl hat, ist's leicht Kuchen backen. (ill.)

Wer Gewürz genug hat, kann sein Fleisch würzen, wie er will. (engl.)

Wer viel Pfeffer hat, thut ihn selbst in den Kohl. (tü.) ³)

Wer viel Fett hat, der spickt selbst den Schinken. (lett.)

Wer viel Fett hat, kann viel Kerzen brennen. (r.)

Im Lande der Palmen füttert man die Esel mit Datteln. (ar.)

In Zuckerländern süßt man selbst die Honigbirnen. (r.)

Schärfer, spottender, behandelt der Praktikus die Thorheit der unbedingten Bewunderung alles Fremden:

---

1) Wem die Kuh gehört, der faßt sie bei den Hörnern. (b. u. h.)
2) Wer's anordnet, ordnet's an, wie er Lust hat. (v.)
3) Nur wer Pfeffer hat, kann ihn auf den Kohl streuen. (ba.)
   Wer zu viel Pfeffer hat, streut ihn selbst auf den Kohl. (ngr.)

Was man ferne holt, ist süß. (d.)¹)

Kuh von fernher giebt Milch genug. (frz.)

Kommt ein Bergesel, verjagt er das Hofpferd. (t.)

Eine Dienerin von weither gilt als Fräulein. (ba.)

Der Einheimische ist auf der Erde, und der Fremde befindet sich im höchsten Himmel. (hbr.)²)

Der Peitschenknall vom jenseitigen Ufer der Donau hat wertheren Klang, als der Kuhreigen am diesseitigen. (bulg.)³)

Der Schall einer entfernten Trommel ist angenehm. (hb.)⁴)

Von fernen Thaten denkt man groß,

spricht der Pole, und:

Laß mich, Mutter, in die Ferne, daß ich mich rühme der Geburt!

der Serbe, der gern mehr vorstellen möchte, als er ist, denn:

Von fern lügt man gern. (d.)

Das ist's aber eben, was der Praktikus nicht dulden will. Seine Meinung über das Lügen lautet:

Lügen ist die erste Staffel zum Galgen. (d.)

Zeig' mir 'nen Lügner, ich zeig' dir 'nen Dieb. (d., engl. u. frz.)⁵)

―――

1) Was die Ziege weit holt, das schmeckt ihr am besten. (Mrk.)
   Weither gebracht und theuer gekauft ist gut für Damen. (engl.)
   Was von fernher, das ist gut — so ist die Meinung. (p.)
2) Wehe, der Fremdling verdrängt den Herrn des Hauses! (hbr.)
3) Der Kalk aus Griechenland wird dem Marmor aus dem Inland vorgezogen. (r.)
4) Eine Trommel hört sich am besten von Weitem an. (pers.)
   Die Trommel im Wald ist etwas Großes: nahe wird sie klein. (p.)
   Mächtig sind die Trommeln hinter den Bergen, und kommen sie näher, sind's Hundsfellchen. (llr. u. r.)
5) Lügen und Stehlen gehen miteinander. (d.)

Der Lügner trägt des Teufels Livree. (b.)

und:

Wer lügt, tödtet die Seele. (scho.)

Zu allem Glück hält er das Lügen für minder gefähr=
lich, als schlecht, denn spricht er gleich:

Eine Lüge schleppt zehn andere nach sich. (b.) [1]

und:

Eine Lüge wächst wie ein Schneeball. (h.) [2]

so setzt er doch hinzu:

Lügen haben kurze Beine. (b. u. it.; g. ä. cz. u. s.) [3]

Nur halbe Beine hat die Lüge. (mag.)

Der Lügner geht nicht weit. (frz.)

Obgleich die Lüge schnell ist, holt die Wahrheit sie ein. (it.) [4]

Lügen zerschmelzen wie Schnee. (b.) [5]

Keine Lüge wird alt. (agr.) [6]

Der Lügner fängt sich selbst in seiner Lüge. (b.)

---

1) Von einer Lüge kommen alle. (h.)
   Zu einer Lüge gehören immer sieben Lügen. (b.)
   Eine Lüge will zehn and're zum Futter haben, wenn sie nicht sterben soll. (b.)
2) Lügen und Schneeball vergrößern sich stets. (b.)
3) Lügen haben kurze Beine, man kann sie leicht ertappen. (lett.)
   Den lahmen Hund und den Lügner ist es leicht einzuholen. (klr.)
   Die Lügen hinken. (it.)
4) Man holt schneller einen Lügner ein, als einen Hinkenden. (it.)
5) Die Lüge hängt zusammen wie Sand: man kann ihn nicht ballen. (b.)
   Die Lüge hat einen seichten Boden, (cz. u. s.) (sp.: keinen Boden).
   In der Lüge ist keine Stätigkeit. (r.)
6) Die Lüge, wenn sie auch frühstückt, ißt selten zu Mittag und fast nie zu Abend. (kro.)
   Der Lügner hat bald ausgedient. (b.)

Daher die spöttische Ermahnung:

Schaffe dir ein gutes Gedächtniß an, wenn du ein Lügner wirst. (äg. ar.)¹)

Vom Loben spricht der Praktikus kaum besser, als vom Lügen:

Lob ist Thorenprob'. (d.)

Lob macht den Thoren fett. (perf.)

Lobe den Narren und erheb' ihn: ist er nicht närrisch, wird er's werden. (it.)

Wenn man die Enten lobt, so watscheln sie. (lett.)

Willst du einen Menschen kennen,
Lob' ihn, bis es nicht mehr geht. (m.)

Willst du ein Herz verderben? Wiss' es gut zu loben. (d.)

Lob ist des Mannes Untergang. (r.)

Am übelsten jedoch ist der Praktikus auf den Müßiggang zu reden:

Müßiggang ist aller Laster Anfang. (d.)²)

Müßiggang ist die Wurzel alles Uebels. (engl.)³)

---

1) Bist du Lügner, habe ein gutes Gedächtniß. (al. ar.)
   Wer lügen will, (piem.: ein guter Lügner) muß ein gut Gedächtniß haben. (d., lat., it. u. frz.)
   Der Lügner darf nicht vergeßlich sein. (ill.)
2) Der Müßiggang ist der Vater des Lasters. (it.)
   Die Trägheit ist die Mutter aller Laster, (frz.) — der Sünden, (r.) — aller schlimmen Gedanken. (mag.)
3) Müßiggang ist des Teufels Ruhebank und aller Laster Anfang. (d.)

Der Baum der Trägheit trägt die Frucht der Gottlosigkeit. (pers.) ¹)

Nichtsthun lehrt Uebles thun, (b. u. h.) ²)

und thut selbst Uebles, indem es heißt:

Faulheit ist der Schlüssel zur Armuth, (b.)

und:

Armuth ist der Lohn der Faulheit. (it. u. engl.)

Die Trägheit ist eine Rabenmutter, die ihre liebsten Kinder Hungers sterben läßt. (or.)

Das Feld der Trägheit ist voller Nesseln. (it.)

Die Trägheit kommt nicht hin, wo sie will, (h.)

und was am ärgsten ist:

Müßiggang verzehrt den Leib, wie Rost das Eisen, (b.)

denn:

Rast' ich, so rost' ich (sagt des Ackermanns Pflug, des Gärtners Spaten), (b.) ³)

und:

Gebrauchter Pflug blinkt,
Stehend Wasser stinkt. (b. u. engl.) ⁴)

Diese letzte Zeile allein wendet auch der Neugrieche an, welcher außerdem noch sagt:

Ein Rad, das sich dreht, setzt keinen Rost an.

Müßiggang ist des Teufels Polster. (lat. u. cz.)
Trägheit ist des Teufels Kopfkissen. (h.)
Ein müßig Gehirn ist des Teufels Werkstätte. (engl.)
1) Müßiggang ist der Tugend Untergang. (b.)
2) Durch Nichtsthun lernen wir Schlechtes thun. (lat., it. u. engl.)
  Müßiggang lehrt viel Böses. (b.)
  Der Teufel ackert weder, noch gräbt er, weshalb er auch immer an Schlimmes denkt. (f.)
3) Was rastet, rostet. (h.)
4) Stehendes Wasser wird gern stinkend. (cz.)

Der Basle spricht:
> Die Mühle ist gut, so lange der Stein sich dreht,
> Doch nicht, so bald er stille steht;

der Lette:
> Das Beil, das nicht in den Wald geht, rostet;

der Russe:
> Einem faulen Holzhacker rostet das Beil.

Dagegen versichert der Deutsche:
> Fleißiger Spaten ist immer blank;

der Friese:
> Ein gebrauchter Schlüssel ist immer blank;

der Franzose:
> Auf betretnem Wege wächst kein Gras,

und der Engländer:
> Brunnen, aus denen viel geschöpft wird, versiegen selten.

Ebenso ermuthigend heißt es:
> Fleiß verschließt der Armuth die Thüren; (r.)

> Die Wurzel der Arbeit ist bitter, aber ihre Früchte sind süß, (frz.)

und:
> Wer nicht faul ist, dem grünt es. (cz.)

Und wo es erst angefangen zu grünen, da grünt es mehr und mehr:
> Wo Tauben sind, da fliegen Tauben zu. (b.)[1]

> Wer Brod hat, dem giebt man Brod. (plattd.)

> Wer Kapaun ißt, bekommt Kapaun. (frz.)

> Das Huhn legt gern in's Nest, wo schon Eier sind. (b.)

---

[1] Wo viel ist, da will auch viel hin. (Elsaß.)

Das Wasser will immer zum Flusse. (frz.)¹)
Gut will zu Gut. (dä.)²)
Gelb ruft Gelb. (v.)³)
Gelb geht zu Gelb. (perſ.)⁴)
Durch einen Freund wird der and're angezogen, (äth.)

und:

Wem's wohl geht, dem hilft Gott. (it.)

Aber freilich, ſagt der Praktikus, nur:

Wenn die Henne ſcharrt, findet ſie ein Korn, (lett.)

denn, fügt er hinzu:

Wer ſucht, der findet, und wer ſchläft, der träumt. (t.)⁵)

Träumen indeſſen iſt kein Brodeſſen, und:

Schlafender Fuchs fängt kein Huhn. (b.)⁶)
Ein ſchlafender Wolf fängt kein Schaf. (r.)⁷)
Der liegende Wolf wird nicht fett. (cz. u. p.)⁸)

---

1) Es regnet gern, wo es ſchon naß iſt. (b.)
2) Das Vermögen ſucht das Vermögen. (frz.)
   Gut macht Gut, oder: geht dem Gut nach. (v.)
3) Gold zieht Gold an. (hb)
4) Gelb läuft dem Gelb nach. (v.)
   Wo Geld iſt, da iſt's mit Haufen. (b.)
   Wem das Gold ein Mal in Tropfen geregnet hat, dem reg=
   net es bald in Strömen. (r.)
5) Wer ſucht, findet, und ſucht er auch in tiefem Waſſer; aber
   was kann ein armer Sünder erhalten, welcher unthätig am
   Ufer ſitzt? (hb)
   Fliegende Krähe findet immer etwas. (b.)
   Wer überall hinkommt, nimmt überall. (frz.)
6) Der Fuchs, der den Morgen über ſchläft, bekommt das Maul
   nicht voll Federn. (frz.)
   Wenn der Fuchs ſchläft, fallen ihm keine Trauben in die
   Schnauze. (engl.)
7) Ein Wolf im Schlaf
   Fing nie ein Schaf. (b.)
8) Schlafender Wolf, magerer Wolf; laufender Wolf, fetter
   Wolf. (flu.)

Die Katze, die ihre Pfoten nicht naß machen will, kriegt den Fisch nicht. (h.) [1])

Jeder Vogel lebt von seinem Schnabel. (p., cz. u. r.) [2])

Der Falke sitzt nicht auf einem Flecke, sondern wo er einen Vogel sieht, da fliegt er hin. (r.)

Genug:

Wer etwas essen will, setzt sich nicht ruhig hin. (E.)

und sagt:

Falle, Kuchen, damit ich dich essen könne; (ngr.) [3])

denn:

Wer den Mund aufsperrt, bis er gefüttert werde, mag den Mund aufsperren, bis er todt ist. (engl.) [4])

Die Lerchen fallen nicht gebraten vom Himmel. (frz.) [5])

Eine gebratene Taube wird nicht herfliegen. (lit.) [6])

Die gebratenen Vögel fliegen nicht in den Mund. (r.; g. ä. p.)

Gebratene Hasen laufen dem Schläfer nicht in den Mund. (h.)

Die Krippe geht nicht zum Rind. (cz.) [7])

Träger Wolf setzt keinen Bauch an. (port.)
Den Wolf nähren die Beine. (r. u. llr.)

1) Wer die Fische essen will, muß sich abmühen. (p.)
Wer schläft, fängt keine Fische. (v)
2) Mit dem Schnabel fängt sich der Vogel (die Nahrung). (bulg.)
3) Er wartet darauf, daß die Lerchen ihm gebraten in den Schnabel fallen sollen. (frz.)
4) Ihr könnt lange den Mund aufsperren, ehe Euch ein Vogel hinein fällt. (engl.)
Man könnte lange den Mund aufsperren, ehe eine gebratene Taube hineinflöge. (bä.)
5) Die gebratenen Lerchen sind nicht auf den Zäunen zu finden. (frz.)
6) Gebratene Tauben (Hühner) kommen einem nicht in den Mund geflogen. (b.)
Keinem fliegt eine gebratene Taube (ein gebratener Sperling, oder Vogel) in den Mund. (cz.)
7) Die Krippe geht nicht zum Ochsen, sondern der Ochse zur Krippe. (tro.)

und:

Das Brod geht nicht nach dem Bauche, (r.) ¹)

sondern:

Wer Brod will, muß arbeiten, (cz.)

weil es mit Recht lautet:

Der Mensch ist zur Arbeit, der Vogel zum Fliegen geschaffen. (esth.) ²)

Darum sagt der Hindostaner:

Komm, Freund, und thu' was; besser für Nichts arbeiten, als müßig sein! ³)

eine Aufforderung, welcher der Deutsche die Versiche=rung hinzufügt:

Müßiggang ist eine schwere Arbeit. ⁴)

Etwas versichert der Praktikus auch, was Kinder und andere Langschläfer ihm nicht so recht glauben wollen, wovon er aber durch und durch überzeugt ist, nämlich:

Morgenstunde
Hat Gold im Munde. (d. u. schw.) ⁵)

Nicht die Krippe sucht den Ochsen, sondern der Ochse die Krippe. (lat.)

Wer das Abendbrod nicht sucht, den findet das Abendbrod nicht. (p.)

1) Mit dem Bauche nach dem Brode. (tr.)
2) Der Mensch zum Arbeiten, der Vogel zum Fliegen. (sa.)
3) Besser gepflügt, als gehangen (d. h. besser arbeiten, als stehlen). (lett.)
Besser einen Finken gerupft, als müßig gesessen. (h.)
Besser eine Mücke gefangen,
Als müßig gegangen. (Eif.)
4) Es ist schwerer, Nichts thun, als arbeiten. (frz.)
5) Wer früh aufsteht, wird glücklich. (tü.)
Wer früh aufsteht, den segnet der Herrgott, (cz.) — dem giebt der Herrgott. (cz., p., r. u. klr.)

> Früh zu Bette und auf zu früher Stund',
> Macht den Menschen glücklich, reich, gesund; (engl.) ¹)

denn:
> Wer früh aufsteht, dem leiht Gott eine Hand, (sp.)

und:
> Es verderben immer neun Späte, ehe ein Früher zu Grunde geht. (d.) ²)

Deshalb heißt es auf französisch:
> Ein gescheidter Mann steht früh auf,

hingegen:
> Wem's allzeit zu früh dünkt, der kommt meist zu spät; (d.)
>
> Wer sein Morgenwerk verschläft, dessen Tagwerk ist verdorben; (h.) ³)
>
> Wer spät aufsteht, trottelt den ganzen Tag; (it.)
>
> Wer bis zu Sonnenaufgang schläft, wird zuletzt arm sterben, (it.)

und endlich:
> Früh nieder und spät auf,
> Hat keinen langen Lauf. (d.)

Das Alles ist ernsthaft gemeint, doch wie das Sprichwort, selbst als Praktikus, immer den Schalk im Nacken hat, so bringt es auch über die Morgenstunde zwei Reim=

---

1) Früh=Schlafengehen und Früh=Aufstehen schließt vielen Krankheiten die Thüre zu. (d.)
2) Mag's, wie es will, gerathen,
  Das Frühe geht vor dem Spaten. (d.)
  Frühe Saat trügt selten und späte immer. (cz. u. p.)
  Der Vogel, der früh auf ist, fängt den Wurm. (engl.)
  > Wer vorwärts kommen will,
  > Der liege nach Fünf nicht still,
  > Doch ist er schon voraus,
  > So ruh' er bis Sieben aus. (engl.)
3) Wer mit der Sonne nicht aufsteht, genießt seinen Tag nicht. (h.)

sprüche, in denen es gerade das Gegentheil sagt. In dem einen aus Anhalt hören wir:

> Wer früh aufsteht, der ißt sich arm,
> Wer lange schläft, bleibt's Bette warm;

und in dem aus Lippe wird uns eingeprägt:

> Wer früh aufsteht, der viel verzehrt,
> Wer lange schläft, den Gott ernährt.

Ja, auf schottisch meint das Sprichwort sogar:

> Der steht zu früh auf, der Mittags gehangen wird.

———

Was indessen will das sagen? Nichts weiter, als daß man früh, nur nicht allzu früh aufstehen solle, indem in allen Dingen der alte Grundsatz gilt:

Allzuviel ist ungesund.
(d.) [1])

Zu viel von einem Ding ist zu Nichts gut. (engl.)
Zu viel ist zu viel, und zu viel ist nicht gut. (frz.)
Alles Zuviel ist schädlich. (it.)
Wenn's Allzu dazu kommt, taugt Nichts etwas. (d.)

Freilich:

Es giebt zwei Sorten Zuviel, (frz.) [2])

———

1) Zu Viel
   Ist Satans Spiel. (d.)
   Zuviel hat keine Ehre. (d.)
2) Das Wenig und das Viel
   Unterbricht das Spiel. (it.)
   > Zuwenig und Zuviel
   > Verdirbt alles Spiel. (d.)

das will sagen: ein Zuviel=Zuviel, und ein Zuviel=Zuwenig, und von diesem letzteren meint der Italiäner:

>Zuwenig kann einen Zusatz leiden.

Meistens jedoch wird nur gegen die erste Sorte, gegen das Zuviel des Zuviel protestirt, selbst wenn es das Gute, ja, das Beste ist, denn:

>Es ist Nichts so gut und gesund,
>Zu viel ist's bös' und ungesund. (d.)

Wie wir schon vom Philosophen hörten:

>Ein zu großes Glück ist zuletzt ein Unglück. (frz.)

so heißt es auch:

>Das beste Spiel
>Wird auch wohl zu viel. (plattd.) ¹)

>Auch der Honig erzeugt Uebersättigung. (ngr.) ²)

>Wer zu viel ißt, platzt. (t.) ³)

>Zu viel Verstand haben, heißt: nicht genug haben. (chin.) ⁴)

>Der Docht nährt sich vom Oel, so lange er darin schwimmt taucht er drinnen unter, löscht er aus. (ar.)

>Um ihn zu schützen, legt man Dornen um den Baum; legt man sie zu fest an, verletzen sie seine Rinde. (chin.)

Ebenso richtig sagt der Deutsche:

>Viele Köche verderben den Brei. ⁵)

>Wenn viele Hähne krähen, wird es spät Tag. (ngr.)

---

1) Jedes hübsche Spiel soll nicht lange währen. (it.)
Wenn's Spiel am besten ist, soll man aufhören. (d.)
2) Man wird auch der Honigkuchen überdrüssig. (frz.)
3) Wer am meisten ißt, ißt am wenigsten. (sic.)
Wer am meisten trinkt, trinkt am wenigsten. (v.)
4) Allzuklug ist dumm. (d.)
Allzuweise ist thöricht. (d.)
5) Viele Köche versalzen den Brei. (h.)
Viele Köche verderben die Suppe. (dä.)
Der Topf der Genossenschaft kommt nie zum Sieden. (pers.)

Bei vielen Hirten wird übel gehütet. (d.)¹)
Wo viel Kinderfrauen sind, ist das Kind ohne Nase. (pers.)²)
Viele Befehlshaber machen das Schiff untergehen. (ngr.)³)
Viele Brüder machen schmale Güter. (d.)⁴)
Viele Mäuler machen leere Schüsseln. (frs.)⁵)
Viel Säcke sind des Esels Untergang. (d.)⁶)
Von vielen Hieben wird die Axt stumpf. (dä.)

Hiermit kommt der Praktikus auf das Zuviel vom Schlimmen, und sagt davon:

Allzuviel zerreißt den Sack. (d.)⁷)
Wenn's Faß voll ist, läuft's über. (neg. engl.)
Jedes Uebermaß sprengt die Decke. (it.)

besonders wenn es dabei, wie im Hebräischen, lautet:

Schmerz auf Schmerz gehäuft, Zuthat zu einem vollen Hause.

Auch die Ueberanstrengung der Kräfte wird getadelt:

Man soll den Bogen nicht überspannen, noch den Esel übergürten. (d.)⁸)

---

1) Viele Hirten sind schlimmer, als einer. (lat.)
   Die zu große Zahl der Hirten schadet der Heerde, sie verirrt sich viel weniger, wenn ein einziger sie führt. (chin.)
   Je mehr Hirten, je größerer Schade. (cz.)
   Bei sieben Hirten keine Heerde. (r.)
2) Wenn zwei Wärterinnen sind, wird des Kindes Kopf schief. (pers.)
   Bei sieben Kindsfrauen ein Kind ohne Augen. (r.)
3) Wenn der Schiffsleute zu viel sind, so sinkt das Schiff. (al. ar.)
   Viel Sand macht das Schiff sinken. (engl.)
4) Große Flüsse werden durch viele Arme geschwächt. (it.)
5) Viele Hände machen leere Schüsseln. (d.) (h.: machen rasch eine Schüssel leer).
   Die Störche sind mager, weil sie in Schaaren ziehen. (t.)
6) Viele Säcke sind des Esels Tod. (d.)
7) Wenn der Sack voll ist, soll man ihn zubinden. (lett.)
8) Spann' den Bogen nicht zu strenge,
   Soll er halten in die Länge. (d.)

denn:
> Wer den Esel zu sehr beladet, fällt in den Graben. (v.)

und:
> Zu sehr gespannt, springt der Bogen. (it.) ¹)
>
> Wenn man das Seil zu sehr anspannt, sprengt man's. (frz.) ²)
>
> Wenn man die Saite zu hoch spannt, so reißt sie. (r.)
>
> Wenn ein Keil zu sehr getrieben wird, so bricht er. (lett.)
>
> Man klopft so lange an den Reifen, bis dem Faß der Boden ausspringt. (d.)
>
> Es bricht wohl auch eine Weide, wenn sie stark gebogen wird. (lett.)
>
>> Immer Arbeit, nie ein Spiel,
>> Wird dem Knaben Hans zu viel. (engl.)
>
>> Immer d'ran,
>> Verdirbt am Ende Roß und Mann. (d.)

Kurz:
> Der Krug geht so lange zu Wasser, bis er zerbricht. (d.) ³)
>
>> Der Krug geht so lange zur Tränk',
>> Bis er bricht Hals oder Henk'. (Eif.) ⁴)

Immer gespannt, verdirbt der Bogen. (frz.)
Ein lang gespannter Bogen wird endlich schlaff. (engl.)
1) Wer den Bogen überspannt, der sprengt ihn. (d.)
2) Wer das Seil zu straff anzieht, sprengt's. (it.)
3) Der Krug geht so lange zum Wasser, daß er endlich zerbricht. (frz.)
   Der Krug geht so lange zum Brunnen, bis er zerbricht. (kro.)
4) Der Krug geht so lange zum Bach,
   Bis er bricht Hals oder Krag'. (Eif.)
   Eine Zeit lang trägt der Krug Wasser, bis der Henkel abbricht. (p.)
   So lange geht man mit dem Krügelchen nach Wasser, bis der Henkel abbricht. (cz.)
   Der Krug pflegt nach Wasser zu gehen, bis er dort den Kopf verliert. (r.)
   Der Krug geht so lange zu Wasser, bis er den Boden verliert. (d.)

Oft geht der Krug zum Brunnen, aber zuletzt kommt er zerbrochen nach Hause. (engl.) ¹)

denn:

Der Krug, der oft zur Quelle geht, muß ein Mal zerbrechen.
(sp.) ²)

und:

Bricht dieser Krug heute nicht, so bricht er morgen. (pers.)

Andere Geräthschaften haben dasselbe Schicksal:

Die Wasserflasche ist auf dem Wege zum Wasserholen zerbrochen. (tü.)

Der Topf trägt Wasser, bis seine Zeit kommt. (lit.) ³)

So lange geht der Eimer zum Brunnen, daß er den Henkel
dort läßt. (it.) ⁴)

Und wie beim Wasserholen geht es auch sonst noch:

Das Eis knackt so lange, bis es bricht. (esth.)

So weit schwimmt der Kürbis, bis er untersinkt. (mag.)

Die Mücke schweift so lange um die Kerze, bis sie hinein-
kommt. (h.)

So lange fliegt der Schmetterling um die Flamme, daß er
sich daran verbrennt. (it.) ⁵)

---

1) Der Krug (geht) oft zum Brunnen und ein Mal nicht. (ngr.)
2) Der Krug geht nicht so oft zum Brunnen, ohne nicht zuletzt
zerbrochen nach Hause zu kommen. (engl.)
3) Der Topf geht so lang' nach Wasser, bis er voll ist, (bis
ihm's Ohr ab ist). (plattd.)
Der Topf pflegt nach Wasser zu gehen, bis ihm dort der
Henkel zerbricht. (llr.)
So lange geht der Topf zum Wasser, bis der Henkel da
bleibt. (frz.)
Wer nach Wasser geht, zerbricht den Topf. (afr.)
4) So lange geht man mit dem Eimer zum Brunnen, bis ihm
der Reifen abfällt. (cz.)
5) Der Schmetterling, welcher um die Flamme fliegt, verbrennt
sich endlich die Flügel. (it.)
Der Schmetterling fliegt so lange um das Licht, bis er die
Flügel drinnen läßt. (p.)

So lange geht die Fliege zum Honig, bis sie den Kopf dort läßt. (frz.)

Die Gans geht so lange zum Krautstrunk, bis sie den Schnabel dort läßt. (it.)

Die Gans geht so lange zur Küche, bis sie am Spieß stecken bleibt. (d.)

Die Ziege geht so lange zum Kohl, bis sie die Haut da läßt. (it.)

Die Maus, gewöhnt an den Käse, entwöhnt sich nicht, bis sie die Nase drinnen läßt. (sa.)

Die Katze geht so lange zum Speck, bis sie die Pfote da läßt. (it.)

Die lahme Ziege geht so lange, bis der Wolf sie verschluckt. (d.)

Der Wolf trägt so lange, bis sie ihn tragen. (cz.)

d. h. bis man ihn todtgeschlagen hat. Je früher das geschieht, je weniger Ziegen kann er forttragen. Je schneller man sich jeglicher Tyrannei, sei es nun die des Hauses, oder die der Meinung, entgegensetzt, je weniger Macht gewinnt sie. Daß man es überhaupt thue, räth der Praktikus bringend an:

 Esel dulden stumm:
 Allzugut ist dumm. (d.)[1]

Allzugut ist seines Nachbarn Geck. (h.)

Allzufromm ist Nachbars Spott. (plattd.)

Allzugut ist Jedermanns Hundsfott. (Mrl.)

Jedermanns Freund, Jedermanns Narr. (d.)[2]

Darum soll man nicht:

Nach Jedermanns Pfeife tanzen. (engl.)

---

1) Seid niemals allzu gut. (sa.)
 Wer zu gut gegen Andere ist, ist nicht gut genug gegen sich. (ba.)

2) Allermanns (aller Leut') Freund ist Jedermanns (aller Leut') Geck. (d.)

denn:

Wer Allen bienen will, kommt immer am schlimmsten weg; (b.) ¹)

Der ganzen Welt kann Niemand genug kneten, (kr.) ²)

und:

Der Mensch ist noch nicht geboren, der es Allen recht machen könnte. (oschl.) ³)

Da man das nun weiß, so lasse Niemand mit Recht auf neugriechisch von sich sagen:

Er läßt sich mit den Schafen scheeren,

sondern Jeder denke mit dem Franzosen:

Man muß sich nicht die Wolle auf dem Rücken fressen lassen,

überhaupt kein geduldiges Schaf sein:

An einem frommen Schafe saugen zu viele Lämmer; (frz.)

Auf eine Schafshaut schreibt man, was man will. (frz.)

und:

Wer sich zum Schaf macht, den fressen die Wölfe. (b.) ⁴)

Wer sich zur Taube macht, den fressen die Falken. (it.)

Wer sich grün macht, den fressen die Ziegen. (b.) ⁵)

---

1) Wer Allen dient, dient Niemand. (lat.) (b.: macht sich Keinem verbindlich).
Wer Alle liebt, liebt Niemand. (b.)
2) Es muß einen großen Backofen besitzen, wer für Alle Brod backen will. (esth.)
3) Wer es Allen recht machen will, soll noch geboren werden, (muß früh aufstehen). (b.)
Früh aufstehen muß, der Allen zu gefallen verlangt. (it.)
Man kann es nicht Jedem recht machen. (engl.)
Man ist kein Louisb'or, man gefällt nicht aller Welt. (Pic.)
4) Wer sich zum Schaf macht, den frißt der Wolf. (engl., dä., frz. u. fic.)
Mach' dich nur zum Schafe, und die Wölfe sind bereit. (r.)
5) Mach' dich nicht grün, daß dich die Ziege nicht frißt. (plattd.)

Wer sich zur Spreu macht, den fressen die Kühe. (äg. ar.) ¹)

Wer sich zur Distel macht, der wird bald einen Esel finden, welcher ihn verschluckt. (r.)

und:

Wer sich zu Honig macht, den essen die Fliegen. (sp.) ²)

weshalb der Pole warnt:

Sei nicht zu süß, daß man dich nicht verschlucke! ³)

Ist es auch nicht unumgänglich nothwendig, daß man immer gleich ganz und gar aufgefressen werde, so kann eine allzu große Nachgiebigkeit doch noch andere, fast ebenso unangenehme Folgen haben.

Wer gerne trägt, dem ladet Jeder auf. (b.)

Wer sich zum Esel macht, dem will Jeder seinen Sack auflegen. (dä.) ⁴)

Wer sich anspannen läßt, der muß ziehen. (b.) ⁵)

Wer sich zum Hunde macht, der kann leicht an die Kette gelegt werden. (r.)

Wer sich zur Kuh macht, wird gemolken. (lett.) ⁶)

Wer sich zum Wallfisch macht, nach dem wirft man Harpunen. (r.) ⁷)

Wer sich zum Kahn macht, auf dem will Jeder rudern. (lett.) ⁸)

Mach' dich zum Gras, und die Ziegen werden dich fressen. (it.)
Wer sich zum Kohl macht, den fressen die Ziegen. (r.)
1) Wer sich zu Kleie macht, den zertreten die Hühner. (ar.)
2) Wer sich zu Honig macht, den benaschen die Fliegen. (b.)
3) Sei nicht zu süß, damit man mit dir nicht versüße. (slov.)
4) Esel will Jedermann reiten. (b.)
   Man soll sich nicht in einen Esel flicken, sonst muß man Säcke tragen. (Mrk.)
5) Machst du dich zu meinem Rind, Väterchen, so sollst du auch mein Feld pflügen. (r.)
6) Wer sich zur Kuh macht, der lasse sich auch melken. (r.)
7) Habe Kaviar, Väterchen, und man wird dich schlachten, wie die Störe. (r.)
8) Wer sich zum Polster macht, auf dem will Jeder ruhen. (r.)

Wer sich zum Eisen macht, aus dem wird man Bolzen drehen. (r.)¹)

Endlich:

Wer unter die Bank will, den stößt man bald hinunter, (d.)

eine Wahrheit, welche ihre Erklärung in dem Reime findet:

Allzugemein
Macht dich klein. (d.)

Nirgends findet sich die aristokratische Gesinnung, welche das Sprichwort durchgehends characterisirt, schroffer ausgeprägt, als in den Sprüchen, durch die es vor dem „Allzugemeinmachen" warnt. Es kann die heillosen Folgen desselben gar nicht schrecklich genug darstellen:

Wer sich unter die Trebern mengt, den fressen die Schweine. (d.)²)

Wer sich unter die Schafe mischt, der wird mit ihnen geschoren werden. (r.)³)

Wer zum Schuster von Pech spricht, den hält er für seines Gleichen. (lett.)

Wenn du mit Negerkindern Kaffee trinkst, und sie begegnen dir nachher auf der Straße, so nennen sie dich Kaffeepapa. (neg. engl.)

Gestattest du dem Hunde Vertraulichkeit, so wird er dir auf den Kopf springen. (hb.)

Sehr natürlich, meint der Praktikus:

Vertraulichkeit war in der Arche Noah, (d.)

wo die Patriarchenfamilie bekanntlich mit allem möglichen Vieh zusammenhausen mußte. Jetzt, wo man aus der Arche heraus ist, und als Mensch unter Menschen wohnt, muß

Wer sich auf den Achseln sitzen läßt, dem sitzt man zuletzt auf dem Kopfe. (b.)

Mache dich nicht zur Brücke und zum Stege, damit Gute und Böse darüber gehen. (alb.)

1) Sei Thon, und man wird dich kneten. (r.)
2) Wer sich mischt unter die Kleie,
Den fressen die Säue. (b., cz., p., fr., tro. u. f.)
3) Wer sich zu den Bienen hält, der muß auch Honig geben. (tsch.)

man sich hübsch den Grundsatz des Sardiniers ein=
prägen:

Die zu große Vertraulichkeit erzeugt Geringschätzung,

wenn man auch nicht ganz so weit gehen mag, wie der exclusiv zur Welt gekommene Engländer, welcher gar nicht erst von zu großer Vertraulichkeit spricht, sondern gleich kurzweg sagt:

Vertraulichkeit erzeugt Verachtung.

Wohl aber dünkt uns seine Lehre richtig:

Liebe deinen Nachbar, aber reiße den Zaun nicht nieder,[1]

ja, es mag sogar der Baske nicht Unrecht mit dem Ausspruch haben:

Zwischen den Feldern zweier Brüder steht der Zaun gut,

denn:

Eine Mauer dazwischen erhält die Liebe. (engl.)

Sagt doch auch der Spanier:

In das Haus deines Bruders wirst du nicht jeden Abend gehen,

und:

Geh' in's Haus deiner Tante, aber nicht jeden Tag,[2]

weil der Illyrier warnt:

(Durch) zu häufige Ankunft verliert sich das Küssen,

und der Araber versichert:

Seltener Besuch vermehrt die Freundschaft.[3]

Wie sollt' es auch anders sein?

Das Seltenste ist das Liebste. (m.)[4]

---

1) Zwischen Nachbars Garten ist ein Zaun gut. (d.)
2) Geht zu Eurer Tante, aber nicht zu oft. (engl.)
3) Wer was will gelten,
   Der komme selten. (d.)
4) Seltene Dinge sind die liebsten. (t.)

und:
> Man würde den Kalk wie Marmor achten, wenn er so selten
> wäre, wie dieser; (r.) ¹)

aber:
> Wohlfeiles Fleisch fressen die Hunde. (oschl.)

Und jetzt nimmt der Praktikus sich die Ermahnung des Schweden zu Herzen, der da sagt:
> Bedenke das Ende, so geht dir's nicht übel, ²)

und erklärt:

Das Ende krönt das Werk. (b., lat., frz. u. r.) ³)

> Das Lob ertönt am Ende, die Tugend krönt am Ende. (lat.) ⁴)
> Das Ende erwirbt die Krone, nicht der Streit. (b.)
> Der Ausgang bewährt die Handlungen. (lat.) ⁵)
> An den Enden erkennt man Nath und Gewebe. (b.) ⁶)

Darum:
> Gut ist es, wohl zu beginnen, besser, wohl zu enden. (engl.)

---

1) Die Tannen hätten den Ruf der Cedern, wenn sie weniger
häufig wüchsen. (r.)
2) Was du auch thust, handle klug und denke an's Ende. (lat.)
Was du thust, bedenke das Ende. (b.)
3) Das Ende lobt das Werk, (cz. u. g.) — ziert das Werk, (f.) —
bestimmt das Werk. (r.)
4) Man sieht's am Ende wohl, wie man's loben soll. (b.)
Am Ende soll man ein Ding loben. (b.)
5) Das Ende bewährt alle Dinge. (b.)
6) Am jüngsten Tag wird offenbar,
Wer hier ein guter Pilgrim war. (b.)
Am jüngsten Tage wird geschaut,
Was Mancher hier für Bier gebraut. (b.)
An den Enden erkennt man die Naht. (b.)